Bierce stellt in diesem Wörterbuch den Kanon der menschlichen Schwächen, der Vorurteile, Absurditäten und Gewohnheiten zusammen. Die spitzfindig-bösen »Definitionen« der Wörter legen genau den Aspekt in ihnen frei, den das normale Bewußtsein heuchlerisch zu vertuschen bestrebt ist. Das vorliegende Buch ist eine Auswahl. Von den rund tausend Stichworten des Originals enthält es etwa zwei Drittel, einen Teil davon gekürzt. Bei der Auswahl wurde zweierlei versucht: dem heutigen deutschen Leser entgegenzukommen und den Charakter des Originals dennoch nicht zu verleugnen. Eine vollständige Übersetzung verbot sich ebenso wie die Reduktion auf eine Auslese.

Weggelassen vor allem wurden zahlreiche Wiederholungen, die sich aus der unsystematischen Anlage des ganzen Lexikons erklären. Daß dieser Misanthrop und Querkopf, dieser Rationalist mit dem Hang zum Phantastischen und Abseitigen, dieser sensible Zyniker, dieser keiner Moral trauende Moralist, dieser Unruhestifter mit dem Sinn für Ordnung noch lange kein Museumsstück der Literaturgeschichte ist, das wissen alle, die unter seinen Erzählungen lange genug suchen; sein Wörterbuch wird es ihnen bestätigen. Zwei Beispiele:

Bigamie, subst., fem.: eine Geschmacksverirrung, die künftige Weisheit mit einer Strafe namens Trigamie belegen wird.

Bettler, subst., masc.: jemand, der sich auf die Hilfe seiner Freunde verlassen hat.

insel taschenbuch 440
Bierce
Wörterbuch des Teufels

Ambrose Bierce
Aus dem Wörterbuch des Teufels

**Auswahl, Übersetzung und Nachwort
von Dieter E. Zimmer**

Insel Verlag

13. Auflage 2023

Erste Auflage 1980
insel taschenbuch 440
© Insel Verlag Anton Kippenberg GmbH & Co. KG, Berlin
Alle Rechte vorbehalten. Wir behalten uns auch
eine Nutzung des Werks für Text und Data Mining
im Sinne von § 44b UrhG vor.
Umschlaggestaltung nach Entwürfen
von hißmann, heilmann, hamburg
Druck: Books on Demand GmbH, Norderstedt
Printed in Germany
ISBN 978-3-458-32140-8

www.insel-verlag.de

Aus dem Wörterbuch des Teufels

Abdankung *subst. fem.*
Eine Handlung, durch die ein Herrscher sein Gefühl für die hohe Temperatur des Throns bekundet.

Abendland *subst. neutr.*
Jener Teil der Welt, der westlich (beziehungsweise östlich) des Morgenlandes liegt. Es wird größtenteils von Christen bewohnt, einem mächtigen Unterstamm der Hypokriten, dessen Hauptbeschäftigungen Mord und Betrug sind, von ihnen vorzugsweise als »Krieg« und »Handel« bezeichnet. Dies sind auch die Hauptbeschäftigungen des Morgenlandes.

Abhängig *adj.*
Darauf angewiesen, daß einem ein anderer aus Großmut eine Unterstützung gewährt, die man von ihm zu erpressen außerstande ist.

Abrupt *adj.*
Plötzlich, ohne feierliche Begleitumstände, wie die Ankunft einer Kanonenkugel und das Verschwinden des Soldaten, dessen Interessen davon am meisten betroffen sind.

Absicht *subst. fem.*
Das Gespür für das Übergewicht einer Gruppe von Einflüssen über eine andere.

Absolut *adj.*
In der Politik: unabhängig, verantwortungslos. Eine absolute Monarchie ist die, in der der Monarch tut, was ihm beliebt, solange es seinen Mördern beliebt. Viele absolute Monarchien gibt es heute nicht mehr, da die meisten von ihnen entweder durch konstitutionelle Monarchien ersetzt wurden, in denen die Macht des Souveräns, Böses (oder Gutes) zu tun, weitgehend eingeschränkt ist, oder durch Republiken, in denen der Zufall regiert.

Abstand *subst. masc.*
Das einzige, was die Reichen den Armen zugestehen.

Abstinenzler *subst. masc.*
Ein schwacher Mensch, der der Versuchung nachgibt, sich selbst ein Vergnügen zu versagen. Ein totaler Abstinenzler ist jemand, der sich aller Dinge enthält, nur nicht der Abstinenz und vor allem nicht der Einmischung in die Angelegenheiten anderer.

Absurdität *subst. fem.*
Eine Meinungsäußerung, die der eigenen Meinung offenkundig zuwiderläuft.

Abwesend *adj.*
Schmähungen in besonderem Maße ausgesetzt; verunglimpft; hoffnungslos im Unrecht; in der Wertschätzung und Zuneigung eines anderen gesunken.

Adliger *subst. masc.*
Individuum, das von der Natur fürsorglich für reiche amerikanische Jungfern bereitgestellt wurde, die den Ehrgeiz haben, sich gesellschaftlich hervorzutun und ein vornehmes Leben zu erdulden.

Admiral *subst. masc.*
Jener Teil des Kriegsschiffes, der redet, während die Galionsfigur das Denken besorgt.

Affe *subst. masc.*
Ein Tier, das auf Bäumen lebt, besonders gern auf Stammbäumen.

Agitator *subst. masc.*
Ein Politiker, der die Obstbäume seiner Nachbarn schüttelt - um die Würmer herunterzuholen.

Allein *adv.*
In schlechter Gesellschaft.

Allianz *subst. fem.*
In der internationalen Politik: das Bündnis zweier Diebe, die sich gegenseitig die Hände so tief in die Taschen gesteckt haben, daß keiner von ihnen für

sich allein einen Dritten ausplündern kann.

Altar *subst. masc.*
Der Ort, wo der Priester einst die Gedärme des Schlachtopfers entwirrte, um daraus die Zukunft zu weissagen, und für die Götter Fleisch kochte. Heutzutage wird das Wort selten gebraucht, außer dann, wenn ein männlicher und ein weiblicher Dummkopf Freiheit und Frieden opfern.

Alter *subst. neutr.*
Die Lebensperiode, in der wir die Sünden, die wir noch begehen, dadurch wettmachen, daß wir jene verabscheuen, die zu begehen wir nicht mehr imstande sind.

Amnestie *subst. fem.*
Die Großmut des Staates jenen Gesetzesbrechern gegenüber, deren Bestrafung ihm zu teuer wäre.

Anders *adv.*
Auch nicht besser.

Angeboren *adj.*
Natürlich, eingefleischt - wie angeborene Ideen, das heißt Ideen, mit denen wir geboren werden, nachdem sie uns zuvor mitgeteilt wurden. Die Lehre von den angeborenen Ideen ist eine der eindrucksvollsten Annahmen der Philosophie, nämlich selber eine angeborene Idee und daher unerreichbar für Gegenargumente, obwohl Locke naiverweise glaubte, ihr »ein blaues Auge« verpaßt zu haben. Unter den angeborenen Ideen wären zu erwähnen: das Vertrauen auf die eigene Fähigkeit, eine Zeitung herauszugeben, der Glaube an die Herrlichkeit des eigenen Vaterlandes, an die Überlegenheit der eigenen Kultur, an die Wichtigkeit der eigenen Angelegenheiten und an die interessante Natur der eigenen Krankheiten.

Anhänger *subst. masc.*
Ein Gefolgsmann, der noch nicht alles erlangt hat, was er zu kriegen hofft.

Anklagen *verb. tr.*
Die Schuld oder Schande eines anderen behaupten; gewöhnlich, um uns selber dafür zu rechtfertigen, daß wir ihm Unrecht getan haben.

Anomal *adj.*
Nicht der Norm entsprechend. Im Denken und Verhalten heißt unabhängig sein anomal sein, und anomal sein heißt: verachtet werden. Weshalb der Lexikograph dazu ermahnet, daß man trachten möge, dem Durchschnittsmenschen mehr zu gleichen denn sich selbst. Wer aber solches vollbringt, dem ist Frieden gewiß, die Aussicht auf den Tod und die Hoffnung auf den Höllenpfuhl.

Antipathie *subst. fem.*
Das Gefühl, das einem der Freund eines Freundes einflößt.

Aphorismus, *subst. masc.*
Vorgekaute Weisheit.
   Sein geist / ein Weinschlauch schlaff und schwach

Gab kranckhaffter Begiehrde nach
Und tat aus schröcklich tühffem schlundt
Einen Aphorismus kund.
»Der verrückte Philosoph«, 1697

Apotheker *subst. masc.*
Der Komplize des Arztes, der Wohltäter des Leichenbestatters, der Ernährer der Würmer.

Arbeit *subst. fem.*
Einer der Prozesse, durch die ein Mensch (A) einem anderen (B) zu Besitztum verhilft.

Arena *subst. fem.*
In der Politik: eine imaginäre Rattengrube, in der der Politiker mit seiner Vergangenheit ringt.

Armenrecht *subst. neutr.*
Eine Methode, mittels derer
einem Rechtsuchenden, der
kein Geld für Anwälte hat, gnä-
dig erlaubt wird, seinen Prozeß
zu verlieren.

Armut *subst. fem.*
Etwas, woran sich die Reform-
ratten die Zähne ausbeißen.
Die Anzahl der Pläne für ihre
Abschaffung ist gleich der der
Reformer, die darunter leiden,
zuzüglich der der Philosophen,
die sie nicht kennen. Ihre Opfer
zeichnen sich durch den Besitz
sämtlicher Tugenden und
durch ihren Glauben an Führer
aus, die ihnen ein Wohlleben
versprechen, in dem diese Tugenden ihrer Meinung nach unbekannt sind.

Aufruhr *subst. masc.*
Ein Volksfest, das unschuldige
Passanten für die Belustigung
des Militärs geben.

Auktionator *subst.*
masc.
Der Mann, der mit dem Ham-
mer verkündet, daß er jemandem mit seinem Mundwerk die
Tasche geleert hat.

Ausdauer *subst. fem.*
Eine niedere Tugend, die der
Mittelmäßigkeit zu unrühmli-
chem Erfolg verhilft.

Ausrottung *subst. fem.*
Das Rohmaterial, aus dem die
Theologie das kommende
Reich erschuf.

Auster *subst. fem.*
Ein schleimiges, klumpiges
Muscheltier, das die Men-
schen verspeisen, ohne seine
Gedärme zu entfernen - eine
Kühnheit, die sie der Zivilisa-
tion verdanken. Die Schalen
werden zuweilen den Armen
gegeben.

Australien *subst. neutr.*
Ein Land in der Südsee, dessen
industrielle und wirtschaftli-
che Entwicklung durch einen
Disput der Geographen uner-
hört aufgehalten wurde, die
nicht entscheiden konnten, ob
es sich um einen Kontinent
oder eine Insel handelt.

Baal *subst. masc.*

Ein alter Gott, der ehedem unter verschiedenen Namen verehrt wurde. Als Baal stand er bei den Phöniziern in Ansehen; als Belus oder Bel wurde ihm die Ehre zuteil, daß ihm der Priester Berosos diente, der den berühmten Sintflut-Bericht schrieb; Babel hieß er, als teilweise zu seinem Preise ein Turm in der Schinar-Ebene errichtet wurde. Von Babel kommt unser deutsches Wort »babbeln«. Unter welchem Namen er auch verehrt wurde, immer ist Baal der Sonnengott. Als Beelzebub ist er der Herr der Fliegen, die in stehendem Gewässer von den Sonnenstrahlen gezeugt werden. In Physizien wird Baal immer noch als Bolus verehrt, während das Druckgewerbe ihm bekanntlich unter dem Namen Balhorn huldigt.

Bacchus *subst. masc.*

Eine praktische Gottheit, die sich die Alten erfanden, um ohne Skrupel saufen zu können.

Barmherzigkeit *subst. fem.*

Eine Eigenschaft, die von ertappten Delinquenten sehr geschätzt wird.

Barometer *subst. neutr.*

Ein sinnreiches Instrument, welches anzeigt, wie das Wetter ist.

Baum *subst. masc.*

Ein hoher Strunk, von der Natur zum Strafvollzug vorgesehen, obwohl der Fehlurteile wegen die meisten Bäume wenig oder gar keine Frucht tragen. Wenn er auf natürliche Weise Früchte trägt, dient der Baum der Förderung der Kultur und ist ein wichtiger Faktor der öffentlichen Moral. Im strengen Westen und feinfühligen Süden der Vereinigten Staaten werden seine (weißen beziehungsweise schwarzen) Früchte zwar nicht gegessen, kommen aber nichtsdestoweniger dem allgemeinen Geschmack entgegen, und obwohl sie nicht exportiert werden, dienen sie dem öffentlichen Wohl.

Beerdigung *subst. fem.*
Eine pompöse Festlichkeit, bei der wir unserer Achtung für einen Toten Ausdruck geben, indem wir den Leichenbestatter bereichern, und unsere Trauer durch eine Geldausgabe nähren, die unsere Seufzer vertieft und unsere Tränen verdoppelt.

Befragen *verb. tr.*
Eine längst entschiedene Sache von jemand anderem billigen lassen.

Begnadigen *verb. tr.*
Eine Strafe aufheben und jemanden von neuem einem verbrecherischen Leben aussetzen. Der Verlockung des Verbrechens die Versuchung der Undankbarkeit hinzufügen.

Behagen *subst. neutr.*
Ein Gemütszustand, der sich einstellt, wenn man das Unbehagen seines Nächsten sieht.

Beifall *subst. masc.*
Das Echo auf eine Platitüde.

Bekannter *subst. masc.*
Jemand, den wir gut genug kennen, um ihn anzupumpen, aber nicht gut genug, um ihm etwas zu leihen. Bekanntschaft ist ein Grad der Freundschaft, den man »flüchtig« nennt, ist ihr Gegenstand arm oder unbekannt, und »intim«, ist er reich und berühmt.

Belehren *verb. tr.*
Seinem Nachbarn einen Irrtum aufdrängen, welcher sich vorteilhaft von dem unterscheidet, an den sich zu klammern er bis dahin für gut befand.

Belladonna *subst. neutr.*
Im Italienischen eine schöne Frau, in unserer Sprache ein

tödliches Gift. Ein schlagendes Beispiel dafür, daß die beiden Sprachen im wesentlichen übereinstimmen.

Beredsamkeit *subst. fem.*
Die Kunst, Dummköpfe mündlich davon zu überzeugen, daß weiß die Farbe ist, die es zu sein scheint. Sie schließt die Gabe ein, auch jede andere Farbe weiß erscheinen zu lassen.

Berufung einlegen
Im Rechtswesen: die Würfel für einen weiteren Wurf in den Becher tun.

Berühmtheit *subst. fem.*
Weithin sichtbares Elend.

Besessen *adj.*
Von einem bösen Geist belästigt. Besessenheit war früher häufiger als heutzutage. Arasthus berichtet von einem Bauern, der jeden Wochentag von einem anderen Teufel besessen war und sonntags von zweien. Sie wurden oft gesichtet, denn sie gingen immer in seinem Schatten, wenn er einen hatte, wurden aber schließlich vom Dorfnotar, einem heiligen Mann, vertrieben; indessen nahmen sie den Bauern mit, denn er verschwand spurlos. Ein Teufel, den der Erzbischof von Reims aus einer Frau ausgetrieben hatte, lief von hundert Leuten verfolgt durch die Straßen, bis er auf freiem Feld war, woselbst er sich durch einen Sprung, der höher war als ein Kirchturm, in einen Vogel flüchtete. Ein Kaplan in Cromwells Armee exorzisierte den Teufel eines Soldaten, indem er den Soldaten ins Wasser warf, worauf der Teufel an die Oberfläche kam. Unglücklicherweise tauchte der Soldat nicht wieder auf.

Beten *verb. tr./intr.*
Darum bitten, daß die Gesetze des Universums zugunsten eines einzelnen, nach eigenem Geständnis unwürdigen Bittstellers aufgehoben werden.

Betrüger *subst. masc.*
Ein Rivale bei der Bewerbung um öffentliche Ehren.

Betteln *verb. intr.*
Um etwas bitten, und zwar mit einem Ernst, der der Annahme, daß es nicht gewährt wird, proportional ist.

Bettler *subst. masc.*
Jemand, der sich auf die Hilfe seiner Freunde verlassen hat.

Beweis *subst. masc.*
Eine Aussage, deren Wahrscheinlichkeit ihre Unwahrscheinlichkeit um ein winziges übertrifft. Die Aussage zweier glaubwürdiger Zeugen im Gegensatz zu der nur eines einzigen.

Bewundern *verb. tr.*
Erwartungsvoll umschmeicheln.

Bewunderung *subst. fem.*
Das höfliche Eingeständnis, daß ein anderer einem selber ähnlich ist.

Bibel *subst. fem.*
Das heilige Buch unserer Religion, im Unterschied zu den falschen und profanen Schriften, auf denen alle anderen Glaubenslehren beruhen.

Bigamie *subst. fem.*
Eine Geschmacksverirrung, die künftige Weisheit mit einer Strafe namens Trigamie belegen wird.

Bigott *adj.*
Hartnäckig und eifernd einer Ansicht zugetan, die man selber nicht teilt.

Bildung *subst. fem.*
Was dem Weisen enthüllt und dem Toren verbirgt, daß er nichts begreift.

Botanik subst. fem.
Die Wissenschaft von den Ge-
müsen, den eßbaren wie den
ungenießbaren. Sie beschäf-
tigt sich weitgehend mit ihren
Blüten, die für gewöhnlich un-
förmig, farblich unschön und
übelriechend sind.

Branntwein subst. masc.
Allgemeine Bezeichnung für
alkoholische Getränke, die bei
Abstinenzlern Wahnsinn her-
vorrufen.

Braut subst. fem.
Eine Frau mit vielversprechen-
den Glücksaussichten hinter
sich.

Christ *subst. masc.*
Jemand, der das Neue Testament für ein göttlich inspiriertes Buch hält, welches den geistlichen Bedürfnissen seines Nächsten wunderbar entgegenkommt. Jemand, der die Lehre Christi insoweit befolgt, als sie sich mit einem Sündenleben vereinbaren läßt.

Cui bono? *(lateinisch).*
Was nützt *mir* das?

Cupido *(lat., grch. Eros).*
Der sogenannte Liebesgott. Dieses Bastardprodukt einer barbarischen Phantasie wurde der Mythologie zweifellos für die Sünden ihrer Gottheiten auferlegt. Von allen unschönen und unpassenden Ideen ist die des Cupido die unvernünftigste und anstößigste. Der Einfall, die geschlechtliche Liebe durch ein halb geschlechtsloses Baby zu symbolisieren und die Pein der Leidenschaft mit Pfeilwunden zu vergleichen, diesen drallen Homunkulus in die Kunst einzuführen, um den Geist und die Ausstrahlung eines Werkes grob zu materialisieren – dieser Einfall ist ganz und gar der Zeit wert, die ihn gebar und auf der Türschwelle der Nachwelt aussetzte.

Déjeuner *subst. neutr.*
Das Frühstück eines Menschen, der in Paris war. Die Aussprache wechselt.

Dekalog *subst. masc.*
Eine Reihe von Geboten, zehn an der Zahl – gerade genug, um bei ihrer Befolgung eine intelligente Auswahl zu gestatten, nicht genug jedoch, um die Wahl zur Qual werden zu lassen. Das folgende ist eine für diese Breitengrade berechnete revidierte Ausgabe des Dekalogs:

Hab keinen Gott denn
    mich allein,
Mehr würden viel zu
    teuer sein.
Mach dir kein Bildnis,

Menschenskind,
Weil andre bessere
    Maler sind.
Ruf Gott den Herrn
    nicht unnütz an,
Warte, bis es nützen kann.
An Feiertagen tu nicht viel,
Sondern geh zum Fußball-
    spiel.
Ehre Eltern, Vormund, Paten:
Es senkt die
    Lebensversicherungsraten.
Strafe, die da töten, Mann.
Wer Schlachter prellt,
    hat wohlgetan.
Des Nächsten Weib wird
    nicht hofiert,
Wenn deins nicht auch
    mit ihm poussiert.
Stiehl nicht. Denn im
    Geschäftsverkehr
Wär's wenig klug. Betrug
    bringt mehr.
Falsch Zeugnis reden sollst
    du nicht.
Sag lieber: »Es geht ein
    Gerücht«.
Begehr nicht Reichtum,
    Gut und Lohn,
Nichts, was du dir ergaunert
    schon.
        Gassalasca Jape, S. J.

Demut *subst. fem.*
Geziemende und übliche Gei-
steshaltung in Gegenwart von
Reichtum oder Macht. Besonders angebracht, wenn sich
ein Arbeitnehmer an einen Ar-
beitgeber wendet.

Denkmal *subst. neutr.*
Ein Bauwerk, das der Erinnerung an etwas dient, das entweder diese Erinnerung nicht
nötig hat oder nicht erinnerlich
ist.

Dentist *subst. masc.*
Ein Zauberkünstler, der einem
Gold in den Mund steckt und
Geld aus der Tasche zieht.

Diagnose *subst. fem.*
Die Krankheitsvoraussage eines Arztes, gegründet auf den Puls und das Portemonnaie des Patienten.

Dichtung *subst. fem.*
Eine Ausdrucksform, die dem Land jenseits der Illustrierten eigen ist.

Dilemma *subst. neutr.*
Der Lohn der Konsequenz.

Diplomatie *subst. fem.*
Die patriotische Kunst, im Interesse des eigenen Vaterlandes zu lügen.

Diktator *subst. masc.*
Das Oberhaupt einer Nation, welche die Pest des Despotismus der Plage der Anarchie vorzieht.

Diskussion *subst. fem.*
Eine Methode, andere in ihren Irrtümern zu bestärken.

Dolmetscher *subst. masc.*
Jemand, der zwei Menschen verschiedener Sprache in die Lage versetzt, einander zu verstehen, indem er jedem die Worte des anderen so wiederholt, wie sie ihm selber am besten zupaß kämen.

Dreistigkeit *subst. fem.*
Tadelnde Reden, deren Gegenstand man selber ist.

Duell *subst. neutr.*
Eine förmliche Zeremonie, die der Versöhnung zweier persönlicher Feinde vorangeht. Große Geschicklichkeit ist erforderlich, um es zur Zufriedenheit abzuwickeln; andernfalls kommt es zuweilen zu höchst unerwarteten und betrüblichen Folgen. Vor langer Zeit hat jemand bei einem Duell sogar das Leben verloren.

Dummkopf *subst. masc.*
Ein Angehöriger der herrschenden Dynastie in der Literatur und im Leben. Der erste Dummkopf war Adam, und da die Dummköpfe so zahlreich wie robust sind, haben sie die bewohnbare Welt überrannt.

Das Geheimnis ihrer Macht besteht darin, daß sie für Schläge unempfindlich sind; kitzelt man sie mit einem Knüppel, so reagieren sie lachend mit einer Platitüde. Ursprünglich kamen die Dummköpfe aus Böotien, von wo sie der Hunger vertrieb, da ihre Dummheit die Ernte verdorben hatte. Einige Jahrhunderte lang suchten sie Philistien heim, und viele von ihnen heißen bis auf den heutigen Tag Philister. In den turbulenten Zeiten der Kreuzzüge breiteten sie sich über ganz Europa aus, wo sie die meisten hohen Posten in Politik, Kunst, Literatur, Wissenschaft und Theologie besetzten.

Egoist *subst. masc.*
Ein unfeiner Mensch, dessen Interesse für sich selber größer ist als das für mich.

Ehe *subst. fem.*
Eine Gemeinschaft, die aus einem Herrn, einer Herrin und zwei Sklaven besteht - was zusammen zwei ergibt.

Ehrbarkeit *subst. fem.*
Der Sproß einer Liaison zwischen einer Glatze und einem Bankkonto.

Ehrgeiz *subst. masc.*
Ein übermächtiges Verlangen, zeit seines Lebens von den Feinden geschmäht und nach dem Tod von den Freunden verhöhnt zu werden.

Eid *subst. masc.*
Im Rechtswesen: die feierliche Berufung auf ein göttliches Wesen, welche für das Gewissen dadurch verbindlich gemacht wird, daß auf Meineid Strafe steht.

Eifersüchtig *adj.*
Ungebührlich besorgt, etwas zu behalten, das nur dann verloren gehen kann, wenn sein Besitz nicht lohnt.

Eigentum *subst. neutr.*
Jeder materielle Gegenstand ohne besonderen Eigenwert, den A der Begehrlichkeit von B vorenthält. Alles, was die Habgier eines einzelnen befriedigt

und die aller anderen enttäuscht. Das Objekt kurzer menschlicher Raffgier und langer Gleichgültigkeit.

Eile *subst. fem.*
Die Tüchtigkeit von Stümpern.

Einfluß *subst. masc.*
In der Politik: ein visionäres Quo, das gegen ein substantielles Quid eingehandelt wird.

Eingeborene, *subst. masc./fem. pl.*
Belanglose Individuen, die den Boden eines neuentdeckten Landes bestellen. Sie hören bald auf, ihn zu bestellen - sie düngen ihn.

Einmal *adv.*
Oft genug.

Eisenbahn *subst. fem.*
Die wichtigste vieler technischer Vorrichtungen, die einem erlauben, sich von dem Ort, an dem man sich befindet, an einen anderen zu begeben, an dem es einem auch nicht besser geht. Aus diesem Grund erfreut sich die Eisenbahn der größten Wertschätzung seitens der Optimisten, denn sie gestattet ihnen, den Übergang mit der größten Geschwindigkeit zu vollziehen.

Elegie *subst. fem.*
Eine Verskomposition, mit der ein Dichter unter Verzicht auf jeglichen Humor im Leser die feuchteste Art der Niedergeschlagenheit hervorzurufen beabsichtigt. Eins der berühmtesten Beispiele beginnt etwa folgendermaßen:
> Was ich vom Wiedersehen
>   hoffen soll,
> Von dieses Tages noch
>   geschloßner Blüte?
> Nichts - denn mit schönem

Trübsinn im Gemüte
Sitz ich und fiedle mir
mein Lied in moll.

Elend *subst. neutr.*
Ein Gewöhnungsprozeß, der
die Seele auf eine andere, bit-
tere Welt vorbereitet.

Elster *subst. fem.*
Ein Vogel, dessen diebische
Veranlagung jemanden auf den
Gedanken brachte, man könne
ihm das Sprechen beibringen.

Emanzipation *subst.*
fem.
Eines Sklaven Übergang von
der Unterdrückung durch einen
anderen zur Unterdrückung
durch sich selbst.

Enteilen *verb. intr.*
Sich schnell vorwärts bewegen, gewöhnlich mit dem Eigentum eines anderen.

Enthusiasmus *subst.*
masc.
Eine in der Jugend auftretende
Unpäßlichkeit, die durch gerin-
ge Dosen Reue in Verbindung
mit äußerlich angewandter Erfahrung heilbar ist.

Entscheiden *verb.*
refl./tr.
Dem Übergewicht einer Gruppe von Einflüssen über eine andere erliegen.

Ein losgerißnes Blatt
    tat kund:
»Ich möchte jetzt hinab
    zum Grund.«
Da kam ein Wind aus
    Westen auf.
»Ich ändre ostwärts
    meinen Lauf.«
Ein stärkrer Ostwind blies.
    »Am besten«,
So sprach das Blatt, »ich
    flieg nach Westen«.
Der Wind weht her, der
    Wind weht hin.
»Ich wart, bis ich mir
    schlüssig bin.«
Der Wind ließ nach.
    »Dies mein Beschluß:
Daß ich doch senkrecht
    fallen muß.«
Wer die Wahl hat,
    hat die Qual?
Dies ist gewiß nicht
    die Moral.

Faß nur den stolzesten
Entschluß -
Es kommt doch, wie
es kommen muß.
Gassalasca Jape, S. J.

Entschlossenheit *subst. fem.*
Starrsinn, der unsere Billigung hat.

Epaulette *subst. fem.*
Ein verziertes Kennzeichen, das dazu dient, einen Offizier von seinem Feind zu unterscheiden - das heißt von dem rangniedrigeren Offizier, für den sein Tod Beförderung bedeuten würde.

Epigramm *subst. neutr.*
Ein kurzer, scharfer Ausspruch in Prosa oder Vers, oft durch Herbheit oder Bitterkeit und zuweilen durch Weisheit gekennzeichnet. Es folgen einige der bemerkenswerteren Epigramme des gelehrten und einfallsreichen Dr. Jamrach Holobom:
Unsere eigenen Bedürfnisse kennen wir besser als die der anderen. Eigennutz ist rationell.
In jedem Menschenherzen finden sich ein Tiger, ein Schwein, ein Esel und eine Nachtigall. Charakterunterschiede beruhen auf ihrer ungleichen Aktivität.
Es gibt drei Geschlechter: Männer, Frauen und Mädchen.
Solange dein Freund dich liebevoll an beiden Händen faßt, bist du sicher, denn du kannst seine beobachten.

Epikureer *subst. masc.*
Ein Gegner des Epikur, des enthaltsamen Philosophen, der in der Überzeugung, daß Glück das Hauptziel des Menschen sein sollte, keine Zeit auf die Befriedigung der Sinne verschwendete.

Epitaph *subst. neutr.*
Die Inschrift auf einem Grabmal, die beweist, daß durch den Tod erworbene Tugenden rückwirkend gelten.

Erbärmlich *adj.*
Der Zustand eines Feindes oder Gegners nach einer imaginären Begegnung mit einem selber.

Eremit *subst. masc.*
Jemand, dessen Laster und Torheiten nicht gesellig sind.

Erfahrung *subst. fem.*
Die Weisheit, die uns befähigt, in der Torheit, der wir uns gerade hingeben, einen unliebsamen alten Bekannten wiederzuerkennen.

Erfinder *subst. masc.*
Jemand, der Räder, Hebel und Federn sinnreich zusammenbaut und das für Kultur hält.

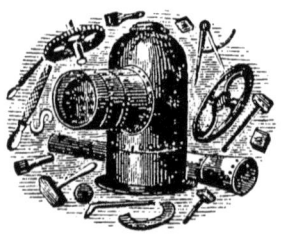

Erfolg *subst. masc.*
Die eine unverzeihliche Sünde wider den Nächsten.

Erholung *subst. fem.*
Eine Kur, die eine allgemeine Erschöpfung durch einen besonderen Trübsinn bekämpft.

Erinnern *verb. refl. intr.*
Etwas vorher nicht Bewußtes mit Ergänzungen ins Gedächtnis rufen.

Erlösung *subst. fem.*
Die Befreiung der Sünder von der Strafe für ihre Sünden, bewerkstelligt dadurch, daß sie die Gottheit ermordeten, gegen die sie gesündigt hatten. Die Erlösungslehre ist das grundlegende Mysterium unserer heiligen Religion, und wer daran glaubt, wird nicht verloren sein, sondern das ewige Leben gewinnen, in dem er dann versuchen kann, sie zu verstehen.

Ermahnen *verb. tr.*
Im religiösen Bereich: das Gewissen eines anderen auf den Spieß stecken und es bis zu dunkelbraunem Unbehagen braten.

Ermahnung *subst. fem.*
Sanfter Tadel, etwa mit einer Axt. Freundschaftliche Warnung.

Ermorden *verb. tr.*
Eine leere Stelle schaffen, ohne einen Nachfolger zu benennen.

Erwägen *verb. tr.*
Eine Begründung für eine bereits getroffene Entscheidung suchen.

Erzbischof *subst. masc.*
Ein kirchlicher Würdenträger, der um einen Grad heiliger ist als ein Bischof.

Esoterisch *adj.*
Ganz besonders abstrus und vollkommen dunkel. Die klassischen Philosophien waren von zweierlei Art – entweder exoterisch, das heißt den Philosophen selber teilweise verständlich, oder esoterisch, das heißt niemandem verständlich. Die letzteren haben das moderne Denken am nachhaltigsten beeinflußt und in unserer Zeit den größten Anklang gefunden.

Eßbar *adj.*
Zum Verzehr geeignet und der Verdauung zuträglich, wie der Wurm für die Kröte, die Kröte für die Schlange, die Schlange für das Schwein, das Schwein für den Menschen und der Mensch für den Wurm.

Ethnologie *subst. fem.*
Die Wissenschaft, die sich mit den verschiedenen Gattungen des Menschen befaßt, wie Räubern, Dieben, Schwindlern, Dummköpfen, Schwachsinnigen, Idioten und Ethnologen.

Evangelist *subst. masc.*
Der Überbringer einer freudigen Botschaft, insbesondere (im religiösen Sinne) einer, die uns selber das Seelenheil und unserem Nächsten Verdammnis verheißt.

Exekutive *subst. fem.*
Die Regierungsstelle, deren Aufgabe es ist, die Wünsche der Legislative so lange durch-

zusetzen, bis es der Rechtsabteilung beliebt, sie für null und nichtig zu erklären.

Exilierter *subst. masc.*
Jemand, der seinem Lande dient, indem er, ohne ein Botschafter zu sein, im Ausland wohnt.

Exzentrizität *subst. fem.*
Eine Methode, sich von anderen zu unterscheiden, die so billig ist, daß Narren Gebrauch von ihr machen, um ihre Unzulänglichkeit zu unterstreichen.

Exzeß *subst. masc.*
In der Moral: ein Wohlleben, das durch angemessene Strafen das Gesetz der Mäßigung durchsetzt.

Fähigkeit *subst. fem.*
Die natürliche Gabe, einem kleinen Teil der niederen Ambitionen zu genügen, welche fähige Menschen von toten unterscheiden. Fähigkeit, so kann man letzten Endes gewöhnlich feststellen, besteht hauptsächlich in einem hohen Grad von Feierlichkeit. Vielleicht jedoch wird diese eindrucksvolle Eigenschaft zu Recht geschätzt; es ist gar kein Leichtes, feierlich zu sein.

Fahne *subst. fem.*
Ein bunter Stoffetzen, der über Truppen getragen und auf Festungen und Schiffen gehißt wird. Eine Art Kennzeichen, das soviel bedeutet wie »Schrott- und Schuttplatz«.

Faulheit *subst. fem.*
Ungerechtfertigte Gelassen-heit einer Person niederen Standes.

Federkiel *subst. masc.*
Ein Folterinstrument, das von einer Gans stammt und gewöhnlich von einem Esel betätigt wird. Der Gebrauch des Federkiels ist heute veraltet, doch sein moderneres Gegenstück, die Stahlfeder, wird von dem gleichen unvergänglichen Personenkreis geschwungen.

Feigling *subst. masc.*
Jemand, der in Gefahr mit den Beinen denkt.

Feindseligkeit *subst. fem.*
Ein besonders akutes, angewandtes Gefühl dafür, daß die Erde übervölkert ist. Man unterscheidet aktive und passive Feindseligkeit - also zum Beispiel das Gefühl, das eine Frau für ihre Freundinnen hegt, und das für den Rest ihres Geschlechts.

Fest *subst. neutr.*
Eine Lustbarkeit. Eine religiöse

Feier, die sich gewöhnlich durch Völlerei und Trunkenheit auszeichnet, häufig zu Ehren eines Heiligen, der sich durch Enthaltsamkeit hervorgetan hatte. In der römisch-katholischen Kirche unterscheidet man »bewegliche« und »unbewegliche« Feste, aber die Feiernden sind ausnahmslos unbeweglich, bis sie voll sind.

Fiedel *subst. fem.*
Ein Instrument, welches menschliche Ohren dadurch kitzelt, daß ein Pferdeschwanz an Katzendärmen gerieben wird.

Fleisch *subst. neutr.*
Die zweite Person der weltlichen Dreieinigkeit.

Fleiß *subst. masc.*
Eine bestimmte nervöse Störung, die junge und unerfahrene Menschen befällt.

Fliegendreck *subst. masc.*
Die Urform der Interpunktion. Garvinus hat festgestellt, daß die in den verschiedenen literarischen Völkern gebräuchlichen Interpunktionssysteme ursprünglich auf die Verhaltensweisen und die Diät der Fliegen zurückzuführen sind, welche die betreffenden Länder heimsuchten. Diese Tiere, die sich immer durch nachbarliche und gesellige Vertrautheit mit Schriftstellern auszeichneten, verzieren die unter der Feder befindlichen Manuskripte je nachdem großzügig oder geizig und enthüllen so den Sinn eines Werkes kraft einer Interpretationsmethode, die dem Vermögen des Autors überlegen und von ihm gänz-

lich unabhängig ist. Um den wichtigen Dienst voll zu würdigen, den die Fliegen der Literatur erweisen, braucht man nur eine Seite aus irgendeinem populären Roman in einem sonnigen Zimmer neben eine Untertasse mit Sahne und Melasse zu legen und zu beobachten, wie in genauem Verhältnis zur Dauer des Experiments »der Witz erglänzt und der Stil sich läutert«.

Folterbank *subst. fem.*
Ein Lehrmittel, das früher häufig verwendet wurde, um die Anhänger eines falschen Glaubens zur lebendigen Wahrheit zu bekehren.

Fortsetzungsroman *subst. masc.*
Ein literarisches Werk, gewöhnlich eine unwahre Geschichte, die durch mehrere Ausgaben einer Zeitung oder Zeitschrift schleicht. Jeder Fortsetzung ist für jene, die sie nicht gelesen haben, eine Zusammenfassung der vorhergehenden Kapitel vorangestellt, obwohl eine Zusammenfassung der folgenden Kapitel dringender nötig wäre - für jene, die nicht die Absicht haben, sie zu lesen. Eine Zusammenfassung des Gesamtwerks wäre noch besser.

Frau *subst. fem.*
Ein Tier von rudimentärer Domestizierbarkeit. Seine Bewegungen sind geschmeidig und anmutig, es frißt alles, ihm kann das Schweigen beigebracht werden.

Fräulein *subst. neutr.*
Ein Titel, mit dem wir unverheiratete Frauen brandmarken, um zu zeigen, daß sie noch im Handel sind.

Freibeuter *subst. masc.*
Ein Eroberer kleinen Stils, dessen Beute der Rechtfertigung der Größe entbehrt.

Freiheit *subst. fem.*
Eins der kostbarsten Besitztümer der Phantasie. Befreiung von den Ansprüchen der Autorität bei einem armseligen hal-

ben Dutzend aus der unendlichen Vielzahl der Methoden der Nötigung. Ein politischer Zustand, auf den jede Nation stolz das Monopol zu besitzen meint.

Freimaurer *subst. masc. pl.*

Ein Orden mit geheimen Riten, grotesken Zeremonien und phantastischen Kostümen, der unter der Herrschaft von Charles II. unter Londoner Handwerkern entstand und dem nach und nach die Toten vergangener Jahrhunderte in rückläufiger Folge beitraten, so daß er jetzt sämtliche Generationen des Menschengeschlechts diesseits von Adam umfaßt und dabei ist, unter den präkreationalen Bewohnern des Chaos und des Nichts distinguierte Rekruten zusammenzutrommeln. Der Orden wurde zu verschiedenen Zeiten von Karl dem Großen, Julius Cäsar, Cyrus, Salomon, Zarathustra, Konfuzius, Thothmes und Buddha gegründet. Seine Zeichen und Symbole sind in den Katakomben von Paris und Rom, auf den Steinen des Parthenon und auf der Chinesischen Mauer, an den Tempeln von Karnak und Palmyra und den ägyptischen Pyramiden gefunden worden - immer von einem Freimaurer.

Freundlichkeit *subst. fem.*

Ein kurzes Vorwort zu zehn Bänden ungebührlicher Forderungen.

Freundlos *adj.*

Wer keinem einen Gefallen zu erweisen hat. Ohne Vermögen. Wer es nicht lassen kann, Wahres und Vernünftiges zu äußern.

Freundschaft *subst. fem.*

Ein Schiff, groß genug, um bei gutem Wetter zwei zu tragen, aber nur einen bei schlechtem.

Friede *subst. masc.*

In der internationalen Politik: eine Periode der Betrügereien zwischen zwei Perioden des Kampfes.

Friedhof *subst. masc.*
Ein eingefriedeter Ort, wo Trauernde Lügen gegeneinander ausspielen, Poeten mit Worten zielen und Steinmetzen um die Wette buchstabieren. Die folgenden Inschriften mögen dazu dienen, den in diesen Olympischen Spielen errungenen Erfolg zu illustrieren: Seine Tugenden waren so augenfällig, daß seine Feinde - außerstande, sie zu übersehen - sie abstritten und seine Freunde, für deren lockeren Lebenswandel sie einen Vorwurf bedeuteten, sie als Laster hinstellten. Hier gedenkt ihrer seine Familie, die sie teilte.

   In das dunkle Reich
     der Erde
  Legen wir hier unsre Berthe.
    Paul und Emma
     Delamerde.
  P.S. Berthe, stirb und werde!

Frömmigkeit *subst. fem.*
Die Verehrung eines höchsten Wesens, beruhend auf der Vermutung, es gleiche dem Menschen.

Frosch *subst. masc.*
Ein Reptil mit eßbaren Beinen. In der profanen Literatur wird es zum ersten Mal in Homers Heldengedicht vom Froschmäusekrieg erwähnt.
Skeptiker haben zwar Homers Autorschaft angezweifelt, doch hat der gelehrte, einfallsreiche und fleißige Dr. Schliemann die Frage ein- für allemal geklärt, indem er die Knochen der getöteten Frösche ausgrub. Eine der Formen moralischer Nötigung, durch die der Pharao zu einer liebenswürdigeren Haltung den Israeliten gegenüber

bewogen werden sollte, war die Froschplage; der Pharao jedoch, der Froschfrikassee schätzte, bemerkte mit echt orientalischem Stoizismus, daß er die Plage ebenso lange aushalten könnte wie die Frösche und die Juden selbst; woraufhin das Programm geändert wurde. Der Frosch ist ein emsiger Sänger mit einer guten Stimme, aber ohne Gehör. Das Libretto seiner Lieblingsoper stammt von Aristophanes und ist kurz, einfach und wirkungsvoll: Brekekekex koax; die Musik stammt offenbar von Richard Wagner.

Galgen *subst. masc.*
Bühne für die Aufführung von Mirakelspielen, in denen der Hauptdarsteller in den Himmel entrückt wird. In diesem Land ist der Galgen bemerkenswert vor allem wegen der vielen Leute, die ihm entgehen.

Gans *subst. fem.*
Ein Vogel, der Schreibern Federkiele liefert. Durch einen geheimnisvollen natürlichen Prozeß werden diese in verschiedenem Maße von den geistigen Energien und dem emotionellen Charakter des Vogels durchtränkt, so daß sich, wenn sie mit Tinte befeuchtet und von einer »Autor« genannten Person mechanisch über Papier gezogen werden, eine sehr deutliche und genaue Niederschrift der Gedanken und Gefühle des Vogels ergibt. Die Unterschiede zwischen den Gänsen, die man durch diese sinnreiche Methode ermitteln kann, sind beträchtlich: Bei manchen lassen sich nur triviale und bedeutende Fähigkeiten feststellen, andere sind in der Tat sehr große Gänse.

Gastfreundschaft
subst. fem.
Die Tugend, welche uns veranlaßt, gewissen Menschen Nahrung und Obdach zu geben, die beides nicht nötig haben.

Gatte *subst. masc.*
Jemand, dem nach dem Essen das Spülen des Geschirrs obliegt.

Gattentreue *subst. fem.*
Eine perverse Neigung, die sich zu der eigenen Ehefrau verirrt hat.

Geburt *subst. fem.*
Die erste und schrecklichste aller Katastrophen. Ihre Art und Weise ist offenbar uneinheitlich. Castor und Pollux ent-

schlüpften einem Ei. Pallas kam aus einem Schädel. Galatea war vorher ein Stein. Peresilis, ein Schriftsteller des zehnten Jahrhunderts, behauptet, aus dem Boden aufgeschossen zu sein, und zwar an einer Stelle, wo ein Priester Weihwasser verschüttet hatte. Arimaxus entstammt bekanntlich einem durch Blitzschlag verursachten Erdloch. Leucomedon war der Sohn einer Ätna-Höhle, und ich selber habe einen Mann einem Weinkeller entsteigen sehen.

Geduld *subst. fem.*
Eine niedere Form von Verzweiflung, als Tugend verkleidet.

Gefahr *subst. fem.*
Das wilde Tier, es
wird verlacht,
Wenn's schläft, von
jedem Fant.
Doch nimmt er dann,
wenn es erwacht,
Die Beine in die Hand.
                Ambat Delaso

Gefühl *subst. neutr.*
Eine erniedrigende Krankheit, hervorgerufen dadurch, daß das Herz zu Kopf steigt. Zuweilen wird sie von der reichlichen Ausscheidung einer Natriumchloridlösung aus den Augen begleitet.

Gefühllos *adj.*
Mit großer Seelenstärke begabt, um alles Mißgeschick zu ertragen, das einem anderen zustößt.

Gegenwart *subst. fem.*
Jener Teil der Ewigkeit, der den Bereich der Enttäuschung von jenem der Hoffnung scheidet.

Gehirn *subst. neutr.*
Ein Organ, mit dem wir denken, daß wir denken.

Geist *subst. masc.*
Eine geheimnisvolle, vom Gehirn sekretierte Substanz. Ihre Hauptbeschäftigung besteht in dem Versuch, ihre eigene Natur zu erkunden; die Vergeblichkeit des Versuchs ist auf

den Umstand zurückzuführen, daß sie nur sich selbst hat, um sich zu erkennen.

Geistlicher *subst. masc.*
Ein Mann, der sich unserer geistlichen Angelegenheiten annimmt, um seine weltlichen zu fördern.

Geld *subst. neutr.*
Ein Segen, der nur dann von Vorteil ist, wenn wir uns seiner entäußern. Ein Beweis für Bildung und ein Paß, der Zutritt zur vornehmen Gesellschaft verschafft.

Gelegenheit *subst. fem.*
Ein günstiger Anlaß, sich einer Enttäuschung zu bemächtigen.

Gelehrsamkeit *subst. fem.*
Staub, der aus einem Buch in einen leeren Schädel geschüttelt wurde. Das Unwissen, das den Fleißigen auszeichnet.

Gemälde *subst. neutr.*
Die zweidimensionale Darstellung eines Gegenstandes, der dreidimensional unleidlich ist.

Gemeinwesen *subst. neutr.*
Ein Verwaltungskomplex, der von einer unberechenbar großen Zahl politischer Parasiten betrieben wird, welche alle folgerichtig aktiv, aber nur zufällig erfolgreich sind.

Genug *adv.*
Alles auf der Welt - sofern man Gefallen daran findet.

Geologie *subst. fem.*
Die Wissenschaft von der Erdkruste - der zweifellos die vom Erdinnern hinzugefügt wird, wenn je ein Schwadroneur aus einem Brunnen hochkommt. Die bisher festgestellten geologischen Formationen der Erde werden folgendermaßen unterteilt: Das Primär, die unterste Formation, bestehend aus Steinen, den Knochen im Sumpf versackter Esel, Gasleitungen, Bergbauwerkzeugen, antiken Skulpturen ohne Nase, spanischen Dublonen und Vorfahren. Das Sekundär besteht

weitgehend aus Regenwürmern und Maulwürfen. Das Tertiär enthält Eisenbahngleise, Straßenpflaster, Gras, Schlangen, schimmelnde Stiefel, Bierflaschen, Tomatendosen, betrunkene Bürger, Müll, Anarchisten, bissige Hunde und Dummköpfe.

Gerechtigkeit *subst. fem.*
Eine Ware, die der Staat dem Bürger in mehr oder minder verfälschtem Zustand als Belohnung für seine Treue, seine Steuern und seine persönlichen Dienstleistungen verkauft.

Geringfügig *adj.*
Weniger anstößig.

Geschichte *subst. fem.*
Die meistens falsche Darstellung meistens unwichtiger Ereignisse, die von meistens schurkischen Herrschern und meistens dummen Soldaten herbeigeführt wurden. In der Literatur: eine normalerweise unwahre Erzählung. Die Wahrheit der hier folgenden Geschichten ist jedoch nicht erfolgreich angefochten worden. Der New Yorker Rudolph Block fand sich eines Abends beim Diner neben dem hervorragenden Kritiker Percival Pollard. »Herr Pollard«, sagte er, »mein Buch, die ›Biographie einer toten Kuh‹, wurde anonym veröffentlicht, aber Sie waren sich bestimmt klar darüber, wer der Verfasser ist. In Ihrer Besprechung nun nennen Sie es das Werk des ›Idioten des Jahrhunderts‹. Halten Sie das für faire Kritik?«
»Es tut mir schrecklich leid«, erwiderte der Kritiker freundlich, »aber ich bin nicht auf den Gedanken gekommen, daß es tatsächlich Ihr Wunsch gewesen sein könnte, dem Publikum die Identität des Verfassers vorzuenthalten.«

W. C. Morrow aus San Jose in Kalifornien schrieb mit Leidenschaft Geistergeschichten, die im Leser das Gefühl hervorriefen, eine Schar von Eidechsen, frisch aus dem Eis, krieche seinen Rücken hinauf und verstecke sich in seinem Haar. Zu jener Zeit glaubte man, daß in San Jose der sichtbare Geist eines Banditen namens Vasquez spukte, der dort gehenkt worden war. Die Stadtbeleuchtung war nicht die beste, und die Leute von San Jose waren – milde gesagt – nachts nicht so gern auf der Straße. In einer besonders dunklen Nacht nun befanden sich zwei Männer am verlassensten Ort innerhalb der Stadtgrenzen und redeten laut miteinander, um sich Mut zu machen, als ihnen J. J. Owen begegnete, ein bekannter Journalist.

»Meine Güte, Owen!« rief der eine. »Was führt Sie in solch einer Nacht hierher? Sie haben mir doch selbst erzählt, daß dies eine der Stellen ist, die Vasquez bevorzugt! Und Sie glauben daran. Haben Sie denn keine Angst?«

»Mein Lieber«, erwiderte der Journalist in gleichsam herbstlichem Tonfall, wie das Seufzen eines Windes, der viel Laub mit sich führt, »ich habe Angst, im Haus zu bleiben. In meiner Tasche steckt eine von Morrows Geschichten, und ich wage nicht, irgendwo hinzugehen, wo es hell genug ist, sie zu lesen.«

General H. H. Wotherspoon, Präsident der Militärakademie, hatte einen Pavian mit furchiger Nase, ein Tier von ungewöhnlicher Intelligenz, aber unvollkommener Schönheit. Als er eines Abends in seine Wohnung zurückkam, war der General schmerzlich überrascht, daß Adam (denn so hieß das Tier, da der General Darwinist war) noch aufsaß und den besten Uniformmantel seines Herrn anhatte, mit Schulterstücken und allem übrigen Zubehör. »Verwünschter ferner Vorfahr«, donnerte der große Stratege, »was soll das heißen: nach dem Zapfenstreich nicht im Bett? Und dann noch mit meinem Mantel!«

Adam erhob sich, ließ sich mit vorwurfsvollem Blick auf alle viere nieder, wie seinesgleichen zu tun pflegt, schlurfte quer durchs Zimmer zu einem Tisch und kehrte mit einer Visitenkarte zurück: General Barry war dagewesen, und nach einer leeren Sektflasche sowie mehreren Zigarrenstummeln zu urteilen, war er während der Wartezeit gastfreundlich bewirtet worden. Der General entschuldigte sich bei seinem treuen Ahn und zog sich zurück. Am Tag darauf traf er General Barry.

»Na, mein Alter«, sagte der. »Als ich gestern abend ging, habe ich ganz vergessen, dich nach diesen großartigen Zigarren zu fragen. Wo hast du sie her?«

General Wotherspoon würdigte ihn keiner Antwort, sondern ging davon.

»Entschuldige bitte«, sagte Barry und lief ihm nach, »natürlich habe ich einen Witz gemacht. Ich war kaum eine Viertelstunde im Zimmer, da wußte ich schon, daß du es nicht warst.«

Geschick subst. neutr.
Eines Dummkopfs Ersatz für Verstand.

Geschwätzigkeit subst. fem.
Eine krankhafte Störung, die den von ihr Befallenen außerstande setzt, den Mund zu halten, wenn man selber reden will.

Gespenst subst. neutr.
Das äußere und sichtbare Zeichen einer inneren Angst. Der Glaube an Gespenster begegnet einem unüberwindlichen Hindernis. Eine Gespenst erscheint niemals nackt: Es erscheint entweder in einem Leinentuch oder in der Kleidung, die es zu Lebzeiten trug. An Geister zu glauben, heißt also nicht nur zu glauben, daß die Toten sich sichtbar machen können, wenn nichts mehr von ihnen übrig ist, sondern auch daß Textilien das gleiche Vermögen besitzen. Und selbst, wenn man den Produkten des Webstuhls diese Fähigkeit zugestehen will - welchen Grund

hätten sie, sie auszuüben? Und warum geht nicht zuweilen die Erscheinung eines Anzugs ohne Gespenst um? Das sind bedeutungsschwere Rätsel. Sie reichen tief und umklammern tödlich die Wurzel dieses blühenden Glaubens.

Gespräch *subst. neutr.*
Eine Messe, auf der die kleineren geistigen Güter dargeboten werden und auf der jeder Aussteller sich so auf die Präsentation der eigenen Waren konzentriert, daß er die des anderen nicht wahrnimmt.

Gewiß *adj.*
Aus vollem Hals im Irrtum.

Gewohnheit *subst. fem.*
Eine Fessel der Freien.

Ghul *subst. masc.*
Ein Dämon, der der tadelnswerten Gewohnheit verfallen ist, Tote zu fressen. Seine Existenz wurde von jener Sorte von Polemikern bestritten, die die Welt lieber tröstlicher Glaubensinhalte berauben, als ihr etwas Gutes an deren Stelle anzubieten. 1640 erblickte Pater Secchi einen Ghul in einem florentinischen Friedhof und verscheuchte ihn durch das Zeichen des Kreuzes. Er beschreibt ihn als vielköpfig und ungemein vielgliedrig, und er sah ihn gleichzeitig an mehr als einem Ort. Der Gute kam gerade vom Abendessen und erklärte, daß er den Dämon unter allen Umständen gepackt hätte, wäre er nicht »schwer vom Essen« gewesen. Atholston berichtet, daß einige kräftige Bauern in einem Friedhof zu Sudbury einen Ghul fingen und in eine Pferdeschwemme tauchten. (Er scheint der Meinung, daß ein so vornehmer Verbrecher in ein Gefäß mit Rosenwasser hätte getaucht werden sollen.) Das Wasser verwandelte sich sofort in Blut und »blieb so bis zu unserm Tag«. Seitdem wurde der Tümpel mittels eines Grabens zur Ader gelassen. Noch im vierzehnten Jahrhundert wurde ein Ghul in der Krypta der Kathedrale von Amiens eingefan-

gen, und die ganze Bevölkerung strömte zusammen. Zwanzig bewaffnete Männer mit einem Priester an der Spitze, der ein Kruzifix trug, drangen ein und ergriffen den Ghul, der entkommen zu können meinte, indem er sich in das Ebenbild eines wohlbekannten Bürgers verwandelte, indessen inmitten schrecklicher Orgien gehängt, gestreckt und gevierteilt wurde. Dem Bürger, dessen Gestalt der Dämon angenommen hatte, ging der düstere Vorfall so nahe, daß er sich in Amiens nie wieder zeigte, und sein Schicksal bleibt bis heute ein Rätsel.

Gicht *subst. fem.*
Ärztliche Bezeichnung für den Rheumatismus eines reichen Patienten.

Glaube *subst. masc.*
Dinge für wahr halten, für die es keine Parallele und keinen Beweis gibt und die jemand verkündet, der über kein Wissen verfügt.

Gläubiger *subst. masc.*
Der Angehörige eines Stammes von Wilden, die jenseits der Finanz-Meerenge leben und wegen ihrer verheerenden Überfälle gefürchtet werden.

Glück *subst. neutr.*
Ein Wohlgefühl, das sich einstellt, wenn man das Elend eines anderen betrachtet.

Gnadenfrist *subst. fem.*
Eine vorübergehende Aufhebung der Feindseligkeit gegenüber einem verurteilten Mörder, um der Behörde Gelegenheit zu geben, nachzuprüfen, ob nicht der Staatsanwalt den Mord auf dem Gewissen hat. Jede Pause in der Kontinuität einer unangenehmen Erwartung.

Gnom *subst. masc.*
In der nordeuropäischen Mythologie: ein zwerghafter Geist, der das Erdinnere bewohnt und mineralische Schätze in besonderer Obhut hat. Bjorsen, der 1765 starb, sagt, daß Gnome zur Zeit seiner

Kindheit in Südschweden noch nichts Ungewöhnliches waren und er sie in der Abenddämmerung häufig auf den Hügeln herumtoben sah. Ludwig Binkerhoof sah noch 1792 drei im Schwarzwald, und Snedekker behauptet, daß sie 1803 eine Gruppe von Bergleuten aus einer schlesischen Grube vertrieben. Wenn wir unsere Berechnung auf die Angaben stützen, die diese Zeugnisse liefern, kommen wir zu dem Ergebnis, daß Gnome wahrscheinlich schon 1764 ausgestorben waren.

Gnostiker *subst. masc. pl.*
Eine philosophische Sekte, die eine Fusion zwischen den frühen Christen und den Platonikern zuwege bringen wollte. Jene wollten sich auf den Handel nicht einlassen, und sehr zum Kummer der Verhandlungsleiter wurde nichts aus dem Zusammenschluß.

Grab *subst. neutr.*
Eine Stätte, in die Tote gelegt werden, um des Kommens des Medizinstudenten zu harren.

Grammatik *subst. fem.*
Ein System von Fallgruben, mit dem sinnvollerweise der Pfad versehen ist, auf dem der Selfmademan zum Erfolg schreitet.

Grammophon *subst. neutr.*
Ein ärgerliches Spielzeug, das tote Geräusche zum Leben erweckt.

Gratulation *subst. fem.*
Die Höflichkeit des Neides.

Gravitation *subst. fem.*
Der Hang aller Körper, sich gegenseitig mit einer Kraft anzuziehen, die proportional ihrer

Masse ist – ihre Masse wiederum ergibt sich aus der Kraft, mit der sie sich gegenseitig anziehen. Dies ist eine hübsche und erbauliche Illustration dafür, wie die Wissenschaft aus A auf B schließt und aus B zurück auf A.

Grazien *subst. fem. pl.*
Drei schöne Göttinnen, Aglaja, Thalia und Euphrosyne, die Venus ehrenamtlich aufwarteten. Verpflegung und Kleidung kosteten sie nichts, denn sie aßen nichts Nennenswertes und zogen sich dem Wetter entsprechend an, das heißt sie trugen jeden Wind, der gerade wehte.

Grenze *subst. fem.*
In der politischen Geographie: eine imaginäre Linie zwischen zwei Staaten, die die imaginären Rechte des einen von den imaginären Rechten des anderen trennt.

Groß *adj.*
»Wie bin ich groß!«
   so sprach der Leu.
»Vor mir fühlt jedes
   Wesen Scheu.«
»Nein, ich« - so drauf
   der Elefant.
»Ich bin der schwerste
   im ganzen Land.«
»Ach was!« sprach
   das Giraffentier,
»Mein Hals ist wohl
   der längste hier.«
Das Känguruh: »Groß
   sind sonst keine
Seht nur die Muskeln
   meiner Beine!«
Der Skunk tat vornehm
   abewinken:
»So groß wie ich kann
   keines stinken!«
Die Auster sagte: »Absolut
Bin ich's - ich schmecke
   nämlich gut.«

Für Größe das ein jeder hält
Worin er selber sich gefällt.
Und Dummke gar sticht
    alle aus,
Denkt er (er ist die
    größte Laus).
        C. Fürchtegott Fontäne

Großartig *adj.*
Was an Größe und Glanz das
dem Betrachter gewohnte Maß
übertrifft, wie Eselsohren für
ein Kaninchen oder die Herrlichkeit eines Glühwürmchens
für eine Made.

Größe *subst. fem.*
Umfang. Da Größe relativ ist,
ist nichts groß und nichts klein.
Wenn alles im Universum tau-
sendfach vergrößert würde,
wäre nichts größer als zuvor;
aber wenn nur etwas unverän-
dert bliebe, wäre alles andere
größer als vorher. Für eine mit
der Relativität von Größe und
Entfernung vertraute Intelligenz wären die Räume und
Massen, mit denen der Astro-
nom zu tun hat, nicht ein-
drucksvoller als die des Mi-
kroskopisten. Das sichtbare
Universum könnte sehr wohl
ein kleiner Teil eines Atoms
sein, das mit den dazugehöri-
gen Ionen im Blut (dem leuch-
tenden Äther) irgendeines Tie-
res schwimmt. Vielleicht über-
kommt die winzigen Geschöp-
fe, die unsere eigenen Blutkör-
perchen bevölkern, ein ent-
sprechendes Gefühl, wenn sie
der unausdenkbaren Entfernung von einem Korpuskel
zum anderen inne werden.

Guillotine *subst. fem.*
Ein Gerät, welches einen Franzosen aus gutem Grund die
Achseln zucken läßt.
In seinem großen Werk über
die »Divergierenden Linien
rassischer Evolution« schließt
der gelehrte Professor Breifu-
gel daraus, daß diese Geste unter Franzosen sehr verbreitet
ist, sie stamme von den Schildkröten ab, und es handle sich
einfach um einen Überrest der
Gewohnheit, den Kopf unter
den Hornpanzer zurückzuzie-
hen. Nur ungern widerspreche
ich einem so hervorragenden
Fachmann, aber meiner Mei-

nung nach (die ich in meinem Werk »Erbliche Gefühle«, lib. II, c. XI, ausführlicher erläutere und belege) ist dieses Achselzucken eine allzu dürftige Basis für eine so bedeutungsvolle Theorie, denn vor der Revolution war diese Bewegung unbekannt. Ich hege keinen Zweifel, daß sie direkt mit dem Schrecken zusammenhängt, den die Guillotine während der Zeit ihrer Verwendung einflößte.

Gut *adj.*
Empfänglich, meine Dame, für die Qualitäten dieses Schriftstellers. Aufgeschlossen, mein Herr, für seinen Wunsch, in Ruhe gelassen zu werden.

Habeascorpusakte
subst. fem.
Ein Gesetz, nach dem ein Mensch aus dem Gefängnis entlassen werden kann, wenn er wegen des falschen Verbrechens inhaftiert war.

Hafen *subst. masc.*
Ein Ort, wo Schiffe, die Zuflucht vor den Stürmen suchen, dem Wüten des Zolls ausgesetzt sind.

Hälfte *subst. fem.*
Eins von zwei gleichen Teilen, in die etwas geteilt oder als geteilt gedacht werden kann. Im vierzehnten Jahrhundert entstand eine hitzige Diskussion unter Theologen und Philosophen über die Frage, ob Allwissenheit ein Ding in drei Hälften teilen könne; und in der Kathedrale von Rouen rief Pater Aldrovinus in öffentlichem Gebet Gott an, die These auf deutliche und unmißverständliche Weise zu bestätigen, nach Möglichkeit (wenn es ihm gefiele) am Körper von Manutius Procinus, des frechen Gotteslästerers, der sie bestritt. Procinus jedoch wurde verschont, um später an einem Schlangenbiß zu sterben.

Halo *subst. masc.*
Eigentlich ein leuchtender Ring um einen astronomischen Körper, aber nicht selten mit einer »Aureole« oder einem »Nimbus« verwechselt, einem in gewisser Weise vergleichbaren Phänomen, das von Gottheiten und Heiligen als Kopfbedeckung getragen wird. Der Halo oder »Hof« ist nichts als eine von der Luftfeuchtigkeit hervorgerufene optische Täuschung, doch die Aureole, auch »Heiligenschein« genannt, ist ein Zeichen höherer Heiligkeit und wird wie die bischöfliche Mitra oder die

päpstliche Tiara verliehen. Auf Szedgkins, eines frommen Pesther Malers Gemälde von Christi Geburt tragen nicht nur die Jungfrau und das Kind eine Aureole; auch ein Esel, der Heu aus der heiligen Futterkrippe frißt, ist damit dekoriert, und zu seinem ewigen Ruhm sei gesagt, daß er seine ungewohnte Würde wahrhaft mit der Anmut eines Heiligen trägt.

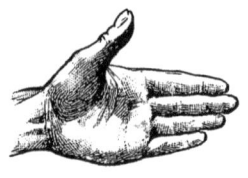

Hand *subst. fem.*
Ein eigentümliches Instrument, das am Ende des menschlichen Arms getragen wird und normalerweise in der Tasche eines anderen steckt.

Handel *subst. masc.*
Eine Art Geschäftsvorgang, bei dem A von B das Eigentum von C raubt und B sich revanchiert, indem er aus der Tasche von D das Geld zieht, das E gehört.

Hanf *subst. masc.*
Eine Pflanze, aus deren Fasern eine Halsbekleidung gemacht wird, die häufig nach einer öffentlichen Ansprache im Freien umgelegt wird und den Träger vor Erkältung schützt.

Harmonisten *subst. masc. pl.*
Eine heute ausgestorbene protestantische Sekte, die Anfang des neunzehnten Jahrhunderts von Europa nach Amerika zog und sich durch die Bitterkeit ihrer internen Kontroversen und Fehden auszeichnete.

Haschee *subst. neutr.*
Für dieses Wort gibt es keine Definition - niemand weiß, was Haschee ist.

Haß *subst. masc.*
Ein angemessenes Gefühl angesichts der Überlegenheit eines anderen.

Häßlichkeit *subst. fem.*
Eine Gabe Gottes an gewisse Frauen, die Tugend ohne Selbstentäußerung zur Folge hat.

Haus *subst. neutr.*
Ein hohles Bauwerk, das Menschen, Ratten, Mäusen, Käfern, Wanzen, Fliegen, Mükken, Flöhen, Bazillen und Mikroben als Heimstätte dient. Gotteshaus: ein Gebäude mit einem Turm und einer Hypothek. Haushund: ein scheußliches Untier, das gehalten wird, um Vorübergehende zu beleidigen und den verwegenen Besucher zu erschrecken. Hausmädchen: eine jüngliche Person des entgegengesetzten Geschlechts, angestellt, um in der Stellung, die Gott ihr zugedacht hat, auf verschiedene Weise lästig und phantasievoll unsauber zu sein.

Heide *subst. masc.*
Ein umnachtetes Wesen, das törichterweise das anbetet, was es sehen und berühren kann.

Heilig *adj.*
Einem religiösen Zweck geweiht; göttlicher Natur; feierliche Gedanken und Gefühle einflößend wie: der Dalai Lama von Tibet; der Mugum von M'bwango; der Affentempel in Ceylon; die Kuh in Indien; das Krokodil, die Katze und die Zwiebel im alten Ägypten; der Mufti von Muhsch; das Haar des Hundes, der Noah biß, usw.

Heiliger *subst. masc.*
Ein toter Sünder, überarbeitet und neu herausgegeben.

Hellseher *subst. masc.*
Eine Person - meist weiblichen Geschlechts -, die zu sehen vermag, was ihrem Kunden verborgen bleibt: daß er ein Schwachkopf ist.

Herz *subst. neutr.*
Eine automatische muskulöse Blutpumpe. Bildlich gilt dieses Organ als Sitz der Gefühle und Empfindungen - eine sehr hübsche Vorstellung, die indessen nur das Überbleibsel eines einst allgemeinen Glaubens ist. Heute ist allgemein bekannt, daß Gefühle und Empfindungen ihren Sitz im Magen haben und durch die chemi-

sche Einwirkung der Magensäure auf die Nahrung entstehen.

Heucheln *verb. intr.*
Dem Charakter ein sauberes Hemd überziehen.

Heuchler *subst. masc.*
Jemand, der Tugenden zur Schau trägt, die er nicht respektiert, und sich so den Vorteil verschafft, das zu sein, was er verachtet.

Himmel *subst. masc.*
Ein Ort, wo einen die Bösen nicht mehr mit ihren persönlichen Angelegenheiten belästigen und die Guten einem aufmerksam zuhören, wenn man die eigenen darlegt.

Hinauswerfen *verb. tr.*
Ein bewährtes Mittel gegen die Krankheit der Geschwätzigkeit. Es wird weithin auch in Fällen äußerster Armut angewandt.

Historiker *subst. masc.*
Ein Breitspur-Klatschmaul.

Hitzigkeit *subst. fem.*
Die Eigenschaft, die das Kennzeichen unwissender Liebe ist.

Hochzeit *subst. fem.*
Eine Zeremonie, bei der zwei Personen sich geloben, eins zu werden; eine gelobt, nichts zu werden; und nichts gelobt, erträglich zu werden.

Hoffnung *subst. fem.*
Die Verquickung von Wunsch und Erwartung.

Höflichkeit *subst. fem.*
Die annehmbarste Form der Heuchelei.

Homöopath *subst. masc.*
Der Humorist des Ärztestandes.

Homöopathie *subst. fem.*
Eine medizinische Schule auf halbem Wege zwischen der Allopathie und der Christlichen Wissenschaft. Der letzteren sind die beiden anderen deutlich unterlegen, denn im Gegensatz zu ihnen kann die Christliche Wissenschaft auch

eingebildete Krankheiten hei-
len.

Humorist *subst. masc.*
Eine Plage, die die altersstarre
Strenge des Pharaos gemildert
und ihn veranlaßt hätte, Israel
mit seinen besten Wünschen
schleunigst ziehen zu lassen.

Hund *subst. masc.*
Eine Art zusätzlicher oder
Hilfsgottheit, dazu bestimmt,
den in der Welt vorhandenen
Überschuß an Verehrungsbe-
dürfnis entgegenzunehmen. In
einigen seiner kleineren und
seidigeren Verkörperungen
nimmt dieses göttliche Wesen
in der Zuneigung der Frau jenen Platz ein, auf den es keinen männlichen menschlichen
Anwärter gibt.

Hunger *subst. masc.*
Ein Instinkt, mit dem eine um-
sichtige Vorsehung den Menschen ausgestattet hat, um die
Arbeiterfrage zu lösen.

Huri *subst. fem.*
Ein ansehnliches weibliches
Wesen im mohammedani-
schen Paradies zur Ergötzung
des guten Moslems; dessen
Glaube an die Existenz von Huris drückt eine edle Unzufriedenheit mit seiner irdischen
Gattin aus, der er die Seele abspricht. Sie soll eine mangel-
hafte Achtung für Huris hegen.

Ich *pron.*
Das erste Personalpronomen,
das erste Wort der Sprache,
der erste Gedanke des Geistes, der erste Gegenstand der
Zuneigung. Sein Plural soll
»wir« lauten, aber wie es mich
mehr als einmal geben kann,
ist den Grammatikern zweifellos klarer als dem Verfasser
dieses unvergleichlichen Dik-
tionärs. Mich mir selbst in der
Zweizahl vorzustellen, ist
schwer, aber schön. Der frei-

mütige und dabei anmutige Gebrauch von »ich« unterscheidet den guten Schriftsteller vom schlechten; dieser trägt das Wort wie ein Dieb, der seine Beute zu verbergen sucht.

Idiot *subst. masc.*
Mitglied eines großen und mächtigen Stammes, dessen Einfluß in allen menschlichen Dingen immer beherrschend war. Die Tätigkeit des Idioten beschränkt sich nicht auf ein bestimmtes Gebiet des Denkens oder Handelns, sondern »durchdringt und beherrscht alles«. Er hat in allem das letzte Wort; gegen seine Entscheidung gibt es keine Berufung. Er bestimmt die Moden der Meinungen und des Geschmacks, diktiert die Grenzen des Sagbaren und zieht eine Sperrlinie um das Verhalten der Menschen.

Ignorant *subst. masc.*
Jemand, der manches nicht weiß, was dir vertraut ist, und anderes weiß, wovon du keine Ahnung hast.

Ihr *pron.*
Sein.

Immigrant *subst. masc.*
Ein unaufgeklärter Mensch, der ein Land für besser als ein anderes hält.

Immunität *subst. fem.*
Juristisch: Reichtum.

Inkubus *subst. masc.*
Angehöriger einer höchst anstößigen Dämonengattung, die zwar vermutlich noch nicht ganz ausgestorben ist, aber höchstwahrscheinlich doch ihre besten Nächte hinter sich hat. Für eine vollständige Darstellung der Inkubi und Sukkubi, einschließlich der Inkubae und Sukkubae, s. Protassius, *»Liber Demonorum«* (Paris 1328), das viele seltsame Informationen enthält, die in einem als Lehrbuch für öffentliche Schulen gedachten Diktionär fehl am Platze wären.
Victor Hugo berichtet, daß auf den Kanalinseln zuweilen Satan selbst den Inkubus spielt, zweifellos mehr als anderswo

von der Schönheit der Frauen verführt; den Guten, die im allgemeinen ihrem Ehegelübde treu sein wollten, bereitete er damit Ungelegenheiten und Schrecken. Eine Dame wandte sich an den Priester ihrer Gemeinde, um zu erfahren, wie sie in der Dunkelheit den frechen Eindringling von ihrem Ehegatten unterscheiden könnten. Der heilige Mann sagte, sie müßten fühlen, ob sich vielleicht Hörner an seiner Stirn befänden; doch Hugo ist ungalant genug, Zweifel an der Brauchbarkeit dieser Methode anzudeuten.

Jahr *subst. neutr.*
Eine Periode von dreihundertsechsundfünfzig Enttäuschungen.

Jugend *subst. fem.*
Die Zeit, da alles möglich ist: da Archimedes seinen Hebepunkt findet, Kassandra eine Gefolgschaft hat und sieben Städte um die Ehre wetteifern, einen Homer zu Lebzeiten mit Gaben zu überhäufen.

Kaaba *subst. fem.*
Ein großer Stein, den der Erzengel Gabriel dem Patriarchen Abraham überreichte und der in Mekka aufbewahrt wird. Der Patriarch hatte den Erzengel vielleicht um Brot gebeten.

Kalamität *subst. fem.*
Eine ungewöhnlich deutliche und unmißverständliche Erinnerung daran, daß wir nicht die Herren unseres Schicksals sind. Es gibt Kalamitäten zweierlei Art: das Unglück, welches uns selber zustößt, und das Glück, welches andere haben.

Kamel *subst. neutr.*
Ein Vierfüßer von großem Nutzwert für das Schaustellergewerbe. Es gibt zwei Arten von Kamelen: das eigentliche und das uneigentliche Kamel. Zur Schau gestellt wird immer letzteres.

Kandidat *subst. masc.*
Ein bescheidener Herr, der die Ehre eines Privatlebens scheut und sich statt dessen eifrig um das respektable Dunkel eines öffentlichen Amtes bewirbt.

Kanone *subst. fem.*
Instrument zur Berichtigung von Staatsgrenzen.

Kartesianisch *adj.*
Der Lehre des Descartes gemäß, jenes berühmten Philosophen, der der Urheber des gefeierten Diktums »*Cogito ergo sum*« ist - wodurch er die Wirklichkeit der menschlichen Existenz nachgewiesen zu haben meinte. Der Ausspruch jedoch ließe sich folgendermaßen verbessern: »*Cogito cogito ergo cogito sum*« – »Ich denke, daß ich denke, daher denke ich, daß ich bin«; näher ist noch kein Philosoph der Gewißheit gekommen.

Kaserne *subst. fem.*
Ein Haus, in dem Soldaten einen Teil dessen genießen, was sie anderen zu nehmen haben.

Katze *subst. fem.*
Ein weicher, unzerbrechlicher Automat, den die Natur zur Verfügung stellte, damit der Mensch etwas mit den Füßen treten kann, wenn im häuslichen Kreise Schwierigkeiten auftreten.

Kenner *subst. masc.*
Ein Spezialist, der alles über etwas weiß und nichts von allem anderen.

Kindesalter *subst. neutr.*
Der Lebensabschnitt, in dem Wordsworth zufolge »der Himmel um uns ist«. Ziemlich bald darauf ist dann die Welt um uns.

Kindheit *subst. fem.*
Ein Abschnitt des menschlichen Lebens zwischen dem Schwachsinn des Säuglings und der Torheit der Jugend - zwei Schritte entfernt von der Sünde des Erwachsenenlebens und drei von der Reumütigkeit des Alters.

Klapperschlange *subst. fem.*
Unser darniederliegender Bruder, *Homo ventrambulans.*

Klarinette *subst. fem.*
Ein Folterinstrument, das von einer Person mit Watte in den Ohren bedient wird. Es gibt zwei Instrumente, die schlimmer sind als eine Klarinette - zwei Klarinetten.

Klavier *subst. neutr.*
Ein Salongerät, mit dem der unbußfertige Gast mürbe gemacht wird. Die Bedienung er-

folgt durch Niederdrücken seiner Tasten und der Stimmung der Zuhörer.

Kleptomane *subst. masc.*
Ein reicher Dieb.

Kloster *subst. neutr.*
Eine Stätte, an die sich Frauen zurückziehen, die in Muße über das Laster des Müßiggangs nachzudenken wünschen.

Knollennase *subst. fem.*
Das Geruchsorgan eines Lebewesens, das nach dem Bild seines Schöpfers gestaltet wurde.

Köder *subst. masc.*
Was einen Haken genießbarer macht. Der beste Köder ist Schönheit.

Kohl *subst. masc.*
Ein bekanntes Küchengemüse, etwa so groß und klug wie ein menschlicher Kopf.

Kompromiß *subst. masc.*
Die Beilegung eines Interessengegensatzes, bei dem jeder der Gegner die Genugtuung hat zu meinen, er erhalte, was ihm eigentlich nicht zusteht, und verliere nur, was ihm rechtens gehört.

Kondolieren *verb. intr.*
Zeigen, daß ein Trauerfall ein geringeres Übel ist als Sympathie.

Königin *subst. fem.*
Eine Frau, von der ein Reich regiert wird, wenn ein König da ist, und mittels deren es regiert wird, wenn es keinen König gibt.

Konservativer *subst. masc.*
Ein Politiker, dem es die bestehenden Übel angetan haben, im Unterschied zum Liberalen, der sie durch neue ersetzen möchte.

Konsul *subst. masc.*
In der amerikanischen Politik ein Mann, der vom Volk kein Amt erhalten hat und dem daraufhin die Regierung eins gibt

- unter der Bedingung, daß er das Land verläßt.

Koran *subst. masc.*
Ein Buch, von dem die Moslems törichterweise glauben, daß es auf göttliche Inspiration zurückgehe, von dem jedoch die Christen wissen, daß es sich um eine bösartige Hochstapelei handelt, die im Widerspruch zur Heiligen Schrift steht.

Körperschaft *subst. fem.*
Eine sinnreiche Einrichtung, um ohne persönliche Verantwortung persönlichen Vorteil zu erlangen.

Korrektor *subst. masc.*
Ein Übeltäter, der aus einem Text Unsinn macht und dafür büßt, indem er den Schriftsetzer diesen Text unverständlich machen läßt.

Kränkung *subst. fem.*
Ein Vergehen, das fast so ungeheuerlich ist wie eine Taktlosigkeit.

Krieg *subst. masc.*
Ein Nebenprodukt der Friedenskünste. Die allergefährlichste politische Lage ist eine Periode internationaler Freundschaft. »*Si vis pacem, para bellum*«- diese Redensart hat eine tiefere Bedeutung, als allgemein angenommen wird; sie besagt nicht nur, daß alles Irdische ein Ende hat (daß Wechsel also das einzige unveränderliche und ewige Gesetz ist), sondern auch, daß der Boden des Friedens voll ist vom Samen des Krieges und außerordentlich günstig für sein Aufkeimen und Wachstum. Der Krieg kommt wie ein Dieb in der Nacht; Beteuerungen ewiger Freundschaft schaffen diese Nacht.

Kritiker *subst. masc.*
Jemand, der sich rühmt, daß er schwer zufriedenzustellen sei, weil niemand versucht, ihn zufriedenzustellen.

Krönung *subst. fem.*
Die Zeremonie, bei der ein Souverän mit dem äußeren und

sichtbaren Zeichen seines Rechts versehen wird, sich von einer Dynamitbombe in den Himmel befördern zu lassen.

Krummsäbel   *subst. masc.*

Eine ungemein scharfe krumme Klinge, in deren Handhabung gewisse Orientalen ein erstaunliches Geschick entwickeln, wie der hier berichtete Vorfall zeigen wird. Die Geschichte ist aus dem Japanischen übersetzt; ihr Autor ist Shusi Itama, ein berühmter Schriftsteller des dreizehnten Jahrhunderts.

Als der große Gitschi-Kuktai Mikado war, verurteilte er Jijiji Ri, einen hohen Hofbeamten, zum Tod durch Enthauptung. Wie groß aber war die Überraschung seiner Majestät, als er kurz nach der für dieses Zeremoniell festgesetzten Stunde sah, daß sich der Mann, der bereits seit zehn Minuten hätte tot sein sollen, ruhig dem Thron näherte.

»Siebzehnhundert unmögliche Drachen!« rief ergrimmt der Monarch. »Habe ich dich nicht verurteilt, auf dem Marktplatz zu stehen und dir vom Scharfrichter um drei Uhr den Kopf abschlagen zu lassen? Und ist es jetzt nicht drei Uhr zehn?«

»Sohn tausend berühmter Gottheiten«, antwortete der verurteilte Minister, »alles, was Ihr sagt, ist so wahr, daß im Vergleich dazu die Wahrheit selbst eine Lüge ist. Doch die sonnigen und belebenden Wünsche Eurer himmlischen Majestät sind pestilenzialischerweise mißachtet worden. Mit Freuden lief ich und bot meinen unwürdigen Körper auf dem Marktplatz dar. Der Scharfrichter erschien mit seinem nackten Krummsäbel, wirbelte ihn sichtbar durch die Luft, klopfte mir leicht an den Hals und schritt von dannen, bestürmt und beschimpft von der Bevölkerung, zu deren Favoriten ich immer gehörte. Ich bin gekommen, um Gerechtigkeit für seinen ehrlosen und verräterischen Kopf zu erbitten.«

»Zu welchem Scharfrichterregiment gehört dieser schwarzdärmige Schuft?« fragte der Mikado.

»Zu dem tapferen Neuntausendachthundertundsiebenunddreißigsten – ich kenne den Mann. Sein Name ist Sakko-Samshi.«

»Er möge mir vorgeführt werden«, sagte der Mikado zu einem Diener, und eine halbe Stunde später stand der Frevler vor ihm.

»Du Bankert eines dreibeinigen Buckligen ohne Daumen!« brüllte der Herrscher. »Warum hast du nur leicht den Hals berührt, den durchzutrennen dir ein Vergnügen hätte sein sollen?«

»Herr der Schädel und Kirschblüten«, erwiderte der Scharfrichter ungerührt, »befehlt ihm, daß er sich die Nase mit den Fingern schneuze.«

Auf diesen Befehl hin führte Jijiji Ri die Hand an die Nase und trompetete wie ein Elefant; alle erwarteten sie, den abgetrennten Kopf mit Schwung von ihm fliegen zu sehen. Aber nichts geschah: Die Vorstellung gedieh friedlich und ohne Zwischenfall zu Ende.

Aller Augen richteten sich nun auf den Scharfrichter, der so weiß geworden war wie der Schnee auf dem Gipfel des Fujijama. Seine Beine zitterten, sein Atem kam keuchend vor Entsetzen.

»Verschiedene Arten nagelschwänziger Messinglöwen!« rief er. »Ich bin ein ruinierter und entehrter Scharfrichter! Den Übeltäter habe ich so leicht berührt, weil ich mir den Krummsäbel beim Schwingen versehentlich selber durch den Hals geführt habe! Vater des Mondes, ich lege mein Amt nieder.«

Bei diesen Worten faßte er nach seinem Haarknoten, hob den Kopf ab, näherte sich dem Thron und legte ihn dem Mikado demütig zu Füßen.

Kummer *subst. masc.*
Eine Krankheit, die man sich zuzieht, indem man sich dem Wohlergehen eines Freundes aussetzt.

Kürzen *v. tr.*

In der Länge vermindern. Wenn der Lauf der Dinge ein Volk dazu nötigt, seinen König zu kürzen, so gebietet es der geziemende Respekt vor der Meinung der Menschheit, daß es die Gründe auseinandersetze, die es zu einer derartigen Kürzung veranlaßten.

Oliver Cromwell

Lachen *subst. neutr.*
Ein innerer Krampf, der die Gesichtszüge verzerrt und von unartikulierten Geräuschen begleitet wird. Er ist anstekkend und - obwohl zeitweise aussetzend - unheilbar. Die Anfälligkeit für Lachattacken ist einer der Hauptunterschiede zwischen Mensch und Tier - nicht nur, daß Tiere für die Herausforderung, die das Beispiel des Menschen darstellt, unempfindlich sind, sie sind auch immun gegen die Mikroben, die diese Krankheit übertragen. Die Frage, ob Lachen künstlich vom menschlichen Patienten auf Tiere übertragen werden kann, ist experimentell noch nicht geklärt worden. Dr. Meir Witchell vertritt die Ansicht, daß der ansteckende Charakter des Gelächters auf die sofortige Gärung der versprühten *sputa* zurückzuführen ist. Nach dieser Eigentümlichkeit bezeichnet er die Erkrankung als *Convulsio spargens*.

Langlebigkeit *subst. fem.*
Außergewöhnliche Verlängerung der Todesfurcht.

Langmut *subst. fem.*
Die Veranlagung, Kränkungen mit sanfter Geduld zu ertragen, während man einen Racheplan brütet.

Langweiler *subst. masc.*
Jemand, der redet, wenn man will, daß er zuhört.

Laokoon
Ein berühmtes Werk antiker Bildhauerkunst, das einen Priester dieses Namens nebst seinen beiden Söhnen in der Umschlingung zweier enormer Schlangen darstellt. Geschick und Eifer, womit der Alte und die Jungens die Schlangen hochhalten und ihnen bei der Arbeit helfen, werden mit Recht als eins der edelsten künstlerischen Zeugnisse für die Überlegenheit menschlicher Intelligenz über tierische Trägheit angesehen.

Lärm *subst. masc.*
Ein Gestank im Ohr. Unge-
zähmte Musik. Haupterzeug-
nis und Kennzeichen der Zivi-
lisation.

Leben *subst. neutr.*
Eine geistige Würztunke, die
den Körper vor Verfall bewahrt. Wir leben in der tägli-
chen Furcht, es zu verlieren;
haben wir es aber verloren, so
wird es nicht vermißt. Die Frage »Ist das Leben lebens-
wert?« ist viel diskutiert worden, insbesondere von jenen,
die sie verneinen und von denen viele ihre Ansichten mit
großer Ausführlichkeit schrift-
lich verteidigt haben; indem
sie die Gesundheitsregeln
sorgfältig befolgten, haben sie
viele Jahre hindurch den Ruhm
einer erfolgreichen Kontroverse genossen.

Leber *subst. fem.*
Ein großes rotes Organ, mit
dem die Natur uns fürsorglich
ausstattete, damit wir leber-
krank sein können. Die Gefühle
und Empfindungen, von denen

heute jeder literarische Ana-
tom weiß, daß sie im Herzen
geistern, wurden einst in der
Leber vermutet; und selbst
Gascoygne nennt die emotio-
nelle Seite der menschlichen
Natur »unseren hepatischen
Theil«. Einst wurde sie als Sitz
des Lebens angesehen; daher
ihr Name - Leber, das, wodurch wir leben. Die Leber ist
des Himmels wertvollste Gabe
an die Gans; ohne sie wäre dieser Vogel nicht imstande, uns
mit Straßburger *pâté* zu ver-
sorgen.

Leichenwagen *subst.*
masc.
Der Kinderwagen des Todes.

Leichtsinn *subst. masc.*
Befriedigung heutiger Bedürfnisse aus den Einkünften von
morgen.

Leuchte *subst. fem.*
Wer einen Gegenstand erhellt;
zum Beispiel ein Redakteur, indem er nicht darüber schreibt.

Lexikograph *subst.
masc.*
Ein Schädling, der unter dem
Vorwand, eine Phase in der
Entwicklung einer Sprache zu
registrieren, sein Mögliches
tut, ihr Wachstum aufzuhal-
ten, ihre Flexibilität einzu-
schränken und ihre Methoden
zu mechanisieren. Denn nachdem der Lexikograph sein
Wörterbuch verfaßt hat, wird
er als eine Autorität angesehen, während seine einzige
Aufgabe doch ist, festzuhal-
ten, und nicht, Gesetze zu er-
lassen. Die natürliche Unter-
würfigkeit des menschlichen
Verstandes, die ihn mit gesetz-
geberischen Befugnissen ausgestattet hat, begibt sich ihres
Anrechts auf Vernunft und un-
terwirft sich einer Chronik, als
wäre sie eine Gesetzesvor-
schrift. Sobald zum Beispiel
ein Wörterbuch ein gutes Wort
als »veraltet« oder »veral-
tend« bezeichnet hat, werden
wenige wagen, es noch zu ver-
wenden, so sehr sie es auch
brauchten und so wünschens-
wert seine Rehabilitierung wäre - wodurch der Verarmungs-
prozeß der Sprache beschleu-
nigt und der Sprachverfall be-
günstigt wird. Der kühne und
scharfsichtige Schriftsteller
dagegen, der weiß, daß die
Sprache durch Erneuerung
wachsen muß, wenn sie überhaupt wächst, bildet neue
Wörter, gebraucht die alten in
ungewohntem Sinn, hat keine
Gefolgschaft und wird schroff
daran erinnert, daß »es nicht
im Wörterbuch steht« - während bis zur Zeit des ersten Lexikographen (Gott sei ihm gnä-
dig!) kein Autor jemals ein
Wort benutzte, das im Wörterbuch stand. In der goldenen
Frühe und im Mittag der englischen Sprache, als von den
Lippen der großen Elisabetha-
ner Worte kamen, die ihren eigenen Sinn schufen und ihn
schon in ihrem Klang trugen,
als ein Shakespeare und ein
Bacon möglich waren und als

die jetzt am einen Ende schnell verfallende, am anderen nur langsam erneuerte Sprache kräftig wuchs und kühn bewahrt wurde - süßer als Honig und stärker als ein Löwe - , war der Lexikograph unbekannt und das Wörterbuch eine Schöpfung, die zu schaffen ihr Schöpfer nicht geschaffen war.

Liebe *subst. fem.*
Eine vorübergehende Geisteskrankheit, die entweder durch Heirat heilbar ist oder durch die Entfernung des Patienten von den Einflüssen, unter denen der sich die Krankheit zugezogen hat. Wie Karies und viele andere Leiden befällt auch sie vornehmlich zivilisierte Rassen, die unter künstlichen Bedingungen leben; barbarische Völker, die reine Luft atmen und einfache Nahrung zu sich nehmen, sind gegen ihr Wüten immun. Sie geht manchmal tödlich aus, aber häufiger für den Arzt als für den Patienten.

Lob *subst. neutr.*
Der Tribut, welchen wir Leistungen zollen, die den eigenen zwar nicht gleichkommen, aber doch ähnlich sind.

Lobrede *subst. fem.*
Das Preisen eines Menschen, der den Vorzug des Reichtums oder der Macht besitzt oder die Freundlichkeit, tot zu sein.

Logik *subst. fem.*
Die Kunst, in strenger Übereinstimmung mit den Grenzen und Handicaps des menschlichen Unverstands zu denken und zu argumentieren. Die Grundlage der Logik ist der Syllogismus, der aus einem Ober- und einem Untersatz sowie einem Schluß besteht, etwa:
Obersatz: Sechzig Leute können eine Arbeit sechzigmal so schnell verrichten wie ein einzelner;
Untersatz: Einer kann ein Loch in sechzig Sekunden graben;
Schluß: Sechzig Leute können ein Loch in einer Sekunde graben.

Das kann als arithmetischer Syllogismus bezeichnet werden, in dem wir durch die Kombination von Logik und Mathematik eine doppelte Gewißheit erlangen und somit doppelten Nutzen davontragen.

Logomachie *subst. fem.*
Ein Krieg, in dem die Waffen Worte sind und die Wunden Löcher in der Schwimmblase des Selbstgefühls. Ein Wettstreit, in dem sich der Unterlegene seiner Niederlage nicht bewußt ist und der Sieger somit um den Lohn seines Erfolges gebracht wird.

Lorbeer *subst. masc.*
Laurus, eine Apollo geweihte Gemüsesorte, die früher ihrer Blätter beraubt wurde, um die Stirn von Siegern und von Dichtern zu kränzen, die bei Hof Einfluß hatten.

Luft *subst. fem.*
Eine nahrhafte Substanz, welche die Vorsehung großzügigerweise zur Sättigung der Armen zur Verfügung stellt.

Lügnerisch *adj.*
Rhetoriksüchtig.

Lumpenhund *subst. masc.*
Jemand, dessen Eigenschaften assortiert sind wie auf dem Markt die Beeren in einer Kiste - nämlich die guten oben -, der aber auf der falschen Seite aufgemacht wurde. Ein umgekehrter Gentleman.

Mäander *subst. masc.*
Eine gewundene und ziellose Bewegung. Das Wort ist der alte Name eines Flusses etwa zweihundert Kilometer südlich von Troja, der sich wand und schlängelte, um außer Hörweite zu gelangen, als Griechen und Trojaner sich mit ihrer Tapferkeit brüsteten.

Mädchen *subst. neutr.*
Eine junge Person des schöntuenden Geschlechts mit einer Neigung zu unergründlichem Benehmen und Ansichten, die einen bis zum Verbrechen rasend machen. Die Art ist geographisch weit verbreitet – wo immer man sucht, trifft man sie an, und wo immer man sie antrifft, bereut man es. Das Mädchen ist dem Auge nicht eigentlich unangenehm und (ohne sein Klavier und seine Ansichten) dem Ohr nicht unerträglich, doch ist es an Anmut dem Regenbogen deutlich unterlegen, und seine hörbare Komponente wird vom Kanarienvogel übertroffen, der auch leichter zu transportieren ist.

Magie *subst. fem.*
Die Kunst, Aberglauben in Geld zu verwandeln. Es gibt andere Künste, die dem gleichen hehren Zweck dienen, aber der verschwiegene Lexikograph nennt sie nicht beim Namen.

Magnet *subst. masc.*
Etwas, worauf Magnetismus einwirkt.

Magnetismus *subst. masc.*
Etwas, das auf Magneten einwirkt.
Die beiden vorangehenden Definitionen sind, auf eine kurze Formel gebracht, den Werken von tausend hervorragenden Wissenschaftlern entnommen, die den Gegenstand gründlich geklärt und dem menschlichen Wissen damit einen unsäglichen Fortschritt beschert haben.

Malerei *subst. fem.*
Die Kunst, Flächen vor dem Wetter zu schützen und den Kritikern auszusetzen.
Früher wurden Malerei und

Plastik in einem Werk vereinigt: Im klassischen Altertum wurden die Statuen bemalt. Die einzige Verbindung zwischen den beiden Künsten besteht heutzutage darin, daß der moderne Bildhauer seine Gönner anschmiert.

Malthusisch *adj.*
Malthus und seine Lehre betreffend. Malthus glaubte an eine künstliche Bevölkerungsbeschränkung, entdeckte aber, daß sie sich durch Reden allein nicht bewerkstelligen ließ. Einer der praktischsten Vertreter des malthusischen Gedankens war Herodes von Judäa, obwohl auch alle berühmten Soldaten nicht anders dachten.

Manna *subst. neutr.*
Eine Nahrung, die den Israeliten durch ein Wunder auf ihrer Wüstenwanderung zuteil wurde. Als sie ihnen nicht mehr geliefert wurde, ließen sie sich nieder und trieben Ackerbau, wobei sie den Boden gewöhnlich mit den Leichen seiner ursprünglichen Bewohner düngten.

Märtyrer *subst. masc.*
Jemand, der sich auf dem Weg des geringsten Widerstandes einem ersehnten Tod zubewegt.

Maus *subst. fem.*
Ein Tier, dessen Pfad mit in Ohnmacht fallenden Frauen übersät ist. Wie in Rom Christen den Löwen vorgeworfen wurden, so warf man in Otumwih, der ältesten und berühmtesten Stadt der Welt, weibliche Häretiker den Mäusen vor.

Mausoleum *subst. neutr.*
Die letzte und komischste Torheit der Reichen.

Meerschaum *subst. masc.*
Ein feines weißes Mineral, das braun gefärbt wird, indem man es zu Tabakspfeifen verarbeitet, die von den in diesem Beruf tätigen Handwerkern geraucht werden. Der Zweck der

Färbung wurde von den Herstellern nicht verraten.

Mehr *adv.*
Der Komparativ von zuviel.

Mein *pron.*
Mir gehörig, sofern ich es halten oder greifen kann.

Menge *subst. fem.*
Die Masse. Die Quelle politischer Weisheit und Rechtschaffenheit. In der Republik: was der Politiker anbetet. »Eine Menge Ratgeber verbürgt Weisheit«, sagt ein englisches Sprichwort. Wenn viele Leute, von denen jeder einzelne gleich gescheit ist, weiser sind als jeder von ihnen, müssen sie den Überschuß an Weisheit einfach dadurch erwerben, daß sie zusammen sind. Woher kommt er? Offenbar nirgendwoher – genauso gut kann man sagen, daß ein Gebirgszug höher ist als seine einzelnen Berge. Eine Menge ist so klug wie ihr klügstes Mitglied, wenn sie ihm folgt; wenn nicht, ist sie nicht klüger als der Dümmste.

Mensch *subst. masc.*
Ein Tier, das so in die verzückte Betrachtung dessen versunken ist, wofür es sich selber hält, daß es übersieht, was es zweifellos sein sollte. Seine Hauptbeschäftigung ist die Ausrottung anderer Tiere und seiner eigenen Art, die sich jedoch mit einer so hartnäckigen Geschwindigkeit vermehrt, daß sie die gesamte bewohnbare Erde und Kanada verseucht.

Menschheit *subst. fem.*
Das Menschengeschlecht in seiner Gesamtheit, ausgenommen die anthropoiden Poeten.

Meßgewänder *subst. neutr. pl.*
Das Kostüm der Narren am Himmlischen Hof.

Milde *subst. fem.*
Die Großzügigkeit dessen, der viel hat und einem, der nichts hat, gestattet, soviel an sich zu raffen, wie er kann.

Minister *subst. masc.*
Der Vertreter einer höheren Gewalt mit einer geringeren Verantwortung. In der Diplomatie: ein als sichtbare Verkörperung der Feindseligkeit seines Souveräns ins Ausland entsandter Beamter. Seine Hauptqualifikation ist ein Maß glaubwürdiger Verlogenheit, das nur noch ein Botschafter zu übertreffen hat.

Mißgeschick *subst. neutr.*
Das Geschick, das man nie zu vermissen gezwungen ist.

Mitleid *subst. neutr.*
Ein versagendes Gefühl, selber zu den Verschonten zu gehören, eingegeben von dem Gegensatz.

Mode *subst. fem.*
Ein Despot, den die Weisen lächerlich machen und dem sie gehorchen.

Monsignore *subst. masc.*
Ein hoher kirchlicher Titel, des-

sen Vorteile der Stifter unserer Religion übersah.

Montag *subst. masc.*
In christlichen Ländern der Tag nach dem Fußballspiel.

Moralisch *adj.*
In Übereinstimmung mit einer lokalen und veränderlichen Rechtsnorm. Von allgemeiner Vorteilhaftigkeit.

> Gehet die Kund von eynem Gebürg gen Morgen allwo auf der eynen Seyten gewisse Lebens-Art und Sitten für unmoralisch möchten gelten und groß geacht seynd auf der andern; ist also dem Gebürgs-Reysenden vergönnt, allda nach der eynen Seyten niderzusteygen oder auch nach der andern, gantz wie ihm beliebet und sonder Forcht und Schaden.
> Gookes Meditationen

Mord *subst. masc.*
Die Tötung eines Menschen durch einen anderen. Es gibt

vier Arten von Mord: verbrecherischen, entschuldbaren, gerechtfertigten und rühmlichen, doch dem Ermordeten ist es egal, welcher Art er zum Opfer fiel – die Klassifizierung ist nur zum Nutzen der Juristen da.

Morgengrauen *subst. neutr.*
Die Zeit, zu der vernünftige Leute ins Bett gehen. Manche Greise ziehen es vor, zu dieser Stunde aufzustehen, ein kaltes Bad zu nehmen und mit leerem Magen spazierenzugehen. Stolz schreiben sie dann ihre robuste Gesundheit und ihr hohes Alter dieser Gewohnheit zu; in Wahrheit aber sind sie nicht dank, sondern trotz solcher Gewohnheit so alt und rüstig. Der Grund dafür, daß nur kräftige Männer dergleichen tun, ist, daß alle anderen, die es versucht haben, daran zugrundegegangen sind.

Muck *subst. masc.*
Der Singular von »Mücken«. Man hört das Wort selten, da ihm eine geflügelte Redewendung entgegensteht: »Keinen Muck sagen.« Hin und wieder jedoch hört man die Wendung:

»Er hat seine Mücken« – was falsch ist, denn gemeint sind Grillen. Das Wort kommt in einem unsterblichen Zweizeiler von Senator Depew vor, dem hervorragenden Dichter und Insektenforscher:

> Ein schlauer Muck
> Sticht auf dem Ruck.

Mulatte *subst. masc.*
Ein Kind zweier Rassen, das sich beider schämt.

Mund *subst. masc.*
Beim Mann: das Tor zur Seele; bei der Frau: das Ventil des Herzens.

Muße *subst. fem.*
Eine Musterfarm, wo der Teu-

fel mit den Samen neuer Sünden experimentiert und große Laster wachsen läßt.

Mythologie *subst. fem.*
Die Gesamtheit der Glaubensinhalte eines primitiven Volkes, betreffend seinen Ursprung, seine Frühgeschichte, seine Heroen, seine Gottheiten und so weiter, im Unterschied zu den wahren Berichten, die es später erfindet.

Nachhut *subst. fem.*
Im amerikanischen Militär: jener exponierte Teil der Armee, der dem Kongreß am nächsten ist.

Nächster *subst. masc.*
Jemand, den wir lieben sollen wie uns selbst und der alles in seiner Macht Stehende tut, uns ungehorsam zu machen.

Nachwelt *subst. fem.*
Ein Berufungsgerichtshof, der das Urteil der Zeitgenossen über einen populären Autor aufhebt; Berufungskläger ist sein obskurer Rivale.

Naivität *subst. fem.*
Eine gewisse gewinnende Eigenschaft, die Frauen durch langes Studium und strenges Training am bewundernden Mann erwerben, den es erfreut, sich einzubilden, daß sie der schlichten Einfalt seiner Jugend gleicht.

Narr *subst. masc.*
Ein Mensch, der im Bereich geistiger Spekulation weit verbreitet ist und sich durch die Kanäle moralischer Betätigung ergießt. Er ist allschaffend, allgestaltig, allwissend, allmächtig. Er war es, der Briefe, den Buchdruck, die Eisenbahn, das Dampfschiff, die Telegraphie, die Platitüde und den Kreis der Wissenschaften erfand, der die Theologie, die Philosophie, die Jurisprudenz, die Medizin und Chicago begründete. Er führte die Monarchie und die Republik ein. Er währet immerdar. In der Frühe der Zeit sang er auf den Hügeln, und im Mittag der Schöpfung schritt er der Prozession des Lebens voran. Seine großmütterliche Hand hat die untergegangene Sonne der Kultur warm eingehüllt, und im Dämmerlicht bereitet er dem Menschen die Abendmahlzeit aus Milch und Moralität und hebt das universelle Grab aus. Und während wir Übrigen uns für die Nacht ewiger Vergessenheit zurückgezogen haben, bleibt er wach, um eine Geschichte der menschlichen Kultur zu schreiben.

Nase *subst. fem.*
Der äußerste Vorposten des Gesichts. Man hat beobachtet, daß die Nase niemals glücklicher ist, als wenn sie in anderer Leute Privatangelegenheiten steckt – woraus einige Physiologen geschlossen haben, daß ihr der Geruchssinn fehle.

Nehmen *verb. tr.*
Etwas erwerben, häufig gewaltsam, doch besser heimlich.

Neid *subst. masc.*
Auf die geringste Fähigkeit gerichtete Eifersucht.

Nepotismus *subst. masc.*
Zum Besten der Partei der eigenen Großmutter ein Amt verschaffen.

Neugier *subst. fem.*
Eine anstößige Eigenschaft des weiblichen Geistes. Der Wunsch, herauszufinden, ob eine Frau mit Neugier geschlagen ist oder nicht, ist eine der stärksten und unersättlichsten Leidenschaften der männlichen Seele.

Nominieren *verb. tr.*
Jemanden zur höchsten politischen Besteuerung veranlagen. Eine geeignete Person benennen, welche die schmutzigen Anwürfe und die faulen Tomaten der Opposition auf sich ziehen soll.

Nörgler *subst. masc.*
Jemand, der unsere Arbeit kritisiert.

November *subst. masc.*
Das elfte Zwölftel eines Stumpfsinns.

Observatorium *subst.*
neutr.
Eine Stätte, wo Astronomen die Mutmaßungen ihrer Vorgänger hinwegkonjizieren.

Offenbarung *subst. fem.*
Ein berühmtes Buch, in dem der Heilige Johannes alles versteckte, was er wußte. Das Offenbaren besorgen die Kommentatoren, die nichts wissen.

Offensiv *adj.*
Etwas, das unangenehme Gefühle oder Empfindungen hervorruft, wie eine Armee, die gegen ihren Feind vorrückt.
»War die Taktik des Feindes offensiv?« fragte der König. »Das kann man wohl sagen!« erwiderte der erfolglose General. »Das Gesindel wollte aus seinen Befestigungen nicht herauskommen!«

Ölung, Letzte *subst. fem.*
Eine Art Abschmierung. Der Ritus der Letzten Ölung besteht darin, daß ein Sterbender an verschiedenen Körperstellen mit einem vom Bischof geweihten Öl berührt wird.
Marbury berichtet, wie nach der Krankensalbung eines gewissen niederträchtigen englischen Adligen entdeckt wurde, daß das Öl nicht vorschriftsmäßig geweiht war und anderes nicht herbeigeschafft werden konnte. Als er dies erfuhr, sagte der Kranke wütend: »Verdammt, wenn ich jetzt sterbe!«
»Mein Sohn«, sagte der Priester, »genau das befürchten wir«.

Olympisch *adj.*
Von Olymp, einem Berg in Thessalien, der einstmals von Göttern bewohnt war und heute eine Ablegestelle für vergilbende Zeitungen, Bierflaschen und versehrte Sardinendosen ist, welche die Gegenwart des Touristen und seinen Appetit bezeugen.

> Frech kritzeln des
>   Touristen Hände
> Auf Minervas Tempelwände,

Und das Götterland
   Thessalien
Liegt voll von Resten
   von Fressalien.
              Avril Joop

Omen *subst. neutr.*
Ein Zeichen dafür, daß etwas
passieren wird, wenn nichts
passiert.

Oper *subst. fem.*
Ein Schauspiel, welches das
Leben in einer anderen Welt
darstellt, deren Bewohner
nicht reden, sondern singen,
die sich nicht bewegen, sondern gestikulieren, und denen
keine Haltung außer der Pose
eigen ist. Alle Schauspielerei
besteht im Simulieren, und das
Wort »simulieren« kommt von
simia, Affe; aber in der Oper
nimmt sich der Schauspieler
den *simia audibilis* zum Vor-
bild (auch *pithecanthropus
stentor*) - den Heulaffen.

   Der Komödiant äfft den
     Menschen nach oder doch
     dessen Gestaltung,
   Aber der Opernakteur,
     er äfft nur einen Aff.

Opposition *subst. fem.*
In der Politik jene Partei, die
die Regierung am Amoklaufen
hindert, indem sie sie lähmt.
Der König von Ghargaruh, der
eine Reise ins Ausland unter-
nommen hatte, um die Kunst
des Regierens zu studieren,
ernannte fünfhundert seiner
fettesten Untertanen zu Parla-
mentsmitgliedern, damit sie
Gesetze zur Steuereinnahme
erließen. Vierzig von ihnen ernannte er zur Oppositionspartei und ließ sie von seinem Premierminister sorgfältig in ihrer
Pflicht unterweisen, gegen jede königliche Maßnahme zu
opponieren. Dennoch wurde
schon die erste Vorlage ein-
stimmig angenommen. Höchst
unzufrieden legte der König
sein Veto ein und ließ die Opposition wissen, daß sie, falls das
gleiche noch einmal vorkommen sollte, für ihre Widerspen-
stigkeit mit dem Kopf bezahlen
müßte. Alle vierzig schlitzten
sich prompt den Bauch auf.
»Was machen wir jetzt?« fragte der König. »Liberale Institu-
tionen ohne Oppositionspartei

sind ein Ding der Unmöglichkeit.«

»Herrlichkeit des Universums«, entgegnete der Premierminister, »es ist wahr, daß diese Hunde der Dunkelheit ihre Referenzen eingebüßt haben, aber noch ist nicht alles verloren. Überlaßt die Sache diesem Wurm im Staub.«

Also ließ der Premierminister die Körper von Seiner Majestät Opposition einbalsamieren, mit Stroh ausstopfen, auf ihre Sitze zurückbringen und dort annageln. Bei jedem Gesetz gab es vierzig Stimmen dagegen, und die Nation gedieh. Eines Tages wurde ein Gesetz, das Warzen mit einer Steuer belegen sollte, abgelehnt - die Mitglieder der Regierungspartei waren nicht an ihre Sitze genagelt worden! Darob ergrimmte der König dermaßen, daß der Premierminister hingerichtet und das Parlament mittels einer Artilleriebatterie aufgelöst wurde, und die Regierung des Volkes, durch das Volk und für das Volk, verschwand aus Ghargaruh.

Optimismus *subst. masc.*
Die Lehre oder der Glaube, daß alles schön sei, eingeschlossen das Häßliche, daß alles gut sei, besonders das Ungute, und daß alles richtig sei, was verkehrt ist. Am zähesten halten jene daran fest, die das Mißgeschick der Not und Entbehrung am meisten gewöhnt sind. Optimismus wird am einleuchtendsten mit einem Grinsen dargelegt, der Nachahmung eines Lächelns. Da es sich um einen blinden Glauben handelt, ist er dem Licht der Widerlegung unzugänglich - eine geistige Störung, die allein durch den Tod geheilt werden kann. Er ist erblich, glücklicherweise aber nicht ansteckend.

Optimist *subst. masc.*
Ein Anhänger der Lehre, daß schwarz gleich weiß ist. Ein Pessimist, der sich mit der Bitte um Linderung an Gott gewandt hat.

»Sie wünschen also, daß ich Ihnen Hoffnung und Fröhlichkeit zurückgebe«, sagte Gott.

»Nein«, erwiderte der Bittsteller. »Ich wünschte, Sie würden etwas schaffen, das beides rechtfertigte.«

»Die Welt ist fertig«, sagte Gott, »aber Sie haben etwas übersehen – daß Optimisten sterblich sind.«

Orden *subst. masc.*
Eine kleine Metallscheibe, die zum Lohn für mehr oder weniger echte Tugenden, Leistungen oder Dienste vergeben wird.

Von Bismarck, dem ein Orden verliehen worden war, weil er mutig jemanden vorm Ertrinken gerettet hatte, wird erzählt, daß er auf die Frage nach der Bedeutung seines Ordens antwortete: »Manchmal rette ich Menschenleben.« Und manchmal tat er es nicht.

Orthodox *adj.*
Ein Ochse, der das allerüblichste religiöse Joch trägt.

Ozean *subst. masc.*
Eine Wassermasse, welche etwa zwei Drittel einer Welt bedeckt, die für den Menschen geschaffen wurde – welchselber keine Kiemen hat.

Palast *subst. masc.*
Eine prächtige und kostspielige Behausung, insbesondere die eines hohen Beamten. Die Behausung eines hohen Würdenträgers der christlichen Kirche heißt auch Palast; die des Stifters seiner Religion hieß Feld oder Straßenrand. Das ist Fortschritt.

Pantheismus *subst. masc.*
Die Lehre, daß alles Gott ist, im Unterschied zu der Lehre, daß Gott alles ist.

Pantomime *subst. fem.*
Ein Schauspiel, in dem der Sprache keine Gewalt angetan wird. Die am wenigsten unerfreuliche Form dramatischer Handlung.

Parteiloser *subst. masc.*
In der Politik: jemand, der an Selbstachtung leidet und dem Laster der Unabhängigkeit frönt. Ein Ausdruck der Verachtung.

Paß *subst. masc.*
Ein Dokument, das einem ins Ausland reisenden Bürger heimtückischerweise aufgezwungen wird, um ihn allerorten als einen Fremden zu kennzeichnen und Schimpf und Schande in besonderem Maße auszusetzen.

Patriot *subst. masc.*
Jemand, dem die Interessen eines Teils über die Interessen des Ganzen gehen. Der Gimpel der Politiker und das Werkzeug der Eroberer.

Patriotismus *subst. masc.*
Entflammbarer Müll, der für die Fackel des Ehrgeizlings bereit liegt, welcher seinen Namen ins rechte Licht rücken will.
In Dr. Johnsons berühmtem Wörterbuch wird Patriotismus als die letzte Zuflucht eines Schurken definiert. Mit aller gebührenden Hochachtung für einen aufgeklärten, aber gerin-

geren Lexikographen bitte ich vorschlagen zu dürfen, daß es die erste ist.

Peripatetisch *adj.*
Umherwandelnd. Attribut der Philosophie des Aristoteles, der umherwanderte, während er sie erläuterte, um Einwendungen seiner Schüler zu vermeiden. Eine unnötige Vorsichtsmaßnahme - sie verstanden nicht mehr von der Sache als er.

Pessimismus *subst. masc.*
Eine Philosophie, die dem Beobachter durch die deprimierende Vorherrschaft des Optimisten mitsamt seiner abschreckenden Hoffnung und seinem unansehnlichen Lächeln aufgezwungen wird.

Pflicht *subst. fem.*
Das, was uns unerbittlich auf dem Weg unserer Wünsche dem Vorteil entgegentreibt.

Pflug *subst. masc.*
Ein Gerät, das laut nach Händen ruft, welche die Feder zu führen gewöhnt sind.

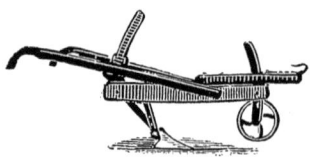

Phantasie *subst. fem.*
Ein Warenlager von Tatsachen, in dessen Besitz sich Dichter und Lügner teilen.

Philanthrop *subst. masc.*
Ein reicher (und gewöhnlich kahler) alter Herr, der gelernt hat zu lächeln, während ihm sein Gewissen die Tasche plündert.

Philister *subst. masc.*
Jemand, der der Sklave seiner Umwelt ist und im Denken wie im Fühlen der Mode folgt. Er ist zuweilen gelehrt, häufig wohlhabend, gewöhnlich sauber und immer feierlich.

Philosophie *subst. fem.*
Eine Strecke mit vielen Wegen, die von Nirgends zu Nichts führt.

Pickaninni *subst. neutr.*
Ein Junges der Gattung *Procyanthropos* oder *Americanus dominans*. Es ist klein, dunkelhäutig und beladen mit politischem Unglück.

Pirat *subst. masc.*
Ein Politiker der Meere.

Piraterie *subst. fem.*
Handel ohne seine törichten Hüllen, so wie Gott ihn schuf.

Plage *subst. fem.*
In alten Zeiten: eine allgemeine Bestrafung der Unschuldigen zwecks Ermahnung ihres Herrschers; bekanntes Beispiel: Pharao der Immune. Die Plage, wie wir Heutigen sie zu kennen den Vorzug haben, ist lediglich eine zufällige Demonstration der zwecklosen Widerwärtigkeit der Natur.

Plagiieren *verb. tr.*
Gedanken oder Stil eines anderen Schriftstellers übernehmen, den man nie im Leben gelesen hat.

Planen *verb. tr.*
Sich Sorgen um die beste Methode zur Herbeiführung eines zufälligen Ergebnisses machen.

Platitüde *subst. fem.*
Der grundlegende Bestandteil und der besondere Stolz aller Unterhaltungsliteratur. Ein schnarchender Gedanke in verqualmten Worten. Die Weisheit einer Million Narren, ausgedrückt von einem Hohlkopf. Ein fossiles Gefühl in einem künstlichen Steinbrokken. Eine Moral ohne Fabel. Alles, was sterblich ist an einer dahingeschiedenen Wahrheit. Eine halbe Tasse Milchmoral. Der Bürzel eines federlosen Pfaus. Eine Qualle, die am Ufer des Gedankenmeeres welkt. Das Gegacker, welches das Ei überlebt. Ein ausgetrocknetes Epigramm.

Platonisch *adj.*
Die Philosophie des Sokrates betreffend. »Platonische Liebe« nennt der Dummkopf die Zuneigung zwischen einer Impotenz und einem Frost.

Plebiszit *subst. neutr.*
Eine Volksabstimmung mit dem Zweck, den Willen des Souveräns zu ermitteln.

Pleonasmus *subst. masc.*
Eine Armee von Wörtern, die einen Gedankenunteroffizier eskortiert.

Plündern *verb. tr./intr.*
Jemanden um sein Eigentum bringen, ohne die geziemende und übliche Heimlichkeit des Diebstahls zu wahren. Einen Besitzwechsel unter der ungenierten Mitwirkung einer Blaskapelle herbeiführen. Reichtum gewaltsam von einem Menschen (A) zu einem anderen (B) transferieren und einen dritten (C) über eine verpaßte Chance jammern lassen.

Pöbel *subst. masc.*
In der Republik: die Inhaber der höchsten Gewalt, eingeschränkt durch Wahlbetrug. Der Pöbel ist dem heiligen Simurgh der arabischen Sage zu vergleichen - er ist allmächtig unter der Bedingung, daß er nichts tut. (Das Wort kommt aus dem Aristokratischen und hat in unserer Sprache keine genaue Entsprechung, bedeutet jedoch etwa soviel wie »ehrgeiziges Schwein«).

Poetaster *subst. masc.*
Ein Poet, dem Gleichgültigkeit oder Geringschätzung entgegengebracht wird.

Poker *subst. masc.*
Ein Spiel, das angeblich mit Karten gespielt wird; sein Zweck ist diesem Lexikographen unbekannt.

Politik *subst. fem.*
Ein Interessenkampf, der sich als ein Wettstreit von Prinzipien ausgibt. Die Führung öffentlicher Angelegenheiten zu privatem Vorteil.

Politiker *subst. masc.*
Ein Aal in dem Schlamm, auf dem der Überbau der organisierten Gesellschaft errichtet ist. Wenn er sich windet, so hält er irrtümlich die Bewegung seines Schwanzes für ein Erbeben des Gebäudes. Verglichen mit dem Staatsmann leidet er unter dem Nachteil, lebendig zu sein.

Polizei *subst. fem.*
Eine bewaffnete Truppe zum Schutz und zum Mitmachen.

Präadamit *subst. masc.*
Angehöriger einer experimentellen und offensichtlich unbefriedigenden Rasse, die der Schöpfung voranging und unter Bedingungen lebte, die vorzustellen schwerfällt. Melsius war der Meinung, daß sie »das Leere« bewohnte und irgendwie teils Fisch, teils Vogel gewesen sei. Bis auf den Umstand, daß sie Kain eine Frau und den Theologen eine Kontroverse lieferten, ist wenig von ihnen bekannt.

Prädestination *subst. fem.*
Die Lehre, daß alles programmgemäß abläuft. Sie darf nicht mit der Vorherbestimmung verwechselt werden, die besagt, daß zwar alles vorherbestimmt ist, aber keine Aussage darüber macht, ob es tatsächlich auch erfolgt - daß es erfolgt, ist lediglich ein Schluß aus anderen Lehren, die diese zur Folge hatten. Der Unterschied ist so groß, daß seinetwegen das Christentum mit Tinte überschwemmt wurde, von Blut gar nicht zu reden. Behält man den Unterschied zwischen beiden Lehren wohl im Auge und glaubt ehrfürchtig an beide, so darf man hoffen, der Verdammnis zu entgehen - sofern man zu den Verschonten gehört.

Prähistorisch *adj.*
Zu einer frühen Epoche und einem Museum gehörig. Weiter zurückliegend als die Kunst und Gepflogenheit, Irrtümer zu verewigen.

Prälat *subst. masc.*
Ein Kirchenbeamter, der einen höheren Heiligkeitsgrad besitzt und drastisch bevorzugt wird. Einer aus der Aristokratie des Himmels. Ein Adliger Gottes.

Pranger *subst. masc.*
Eine mechanische Vorrichtung, um jemanden persönlich hervorzuheben. Der Prototyp der modernen Zeitung, die von Persönlichkeiten mit strengen Sitten und tadellosem Lebenswandel gemacht wird.

Prärogative *subst. fem.*
Das Recht des Souveräns, Unrecht zu tun.

Präzedenzfall *subst. masc.*
Im Rechtswesen: eine frühere Entscheidung, Regel oder Gepflogenheit, die in Abwesenheit einer eindeutigen Gesetzesbestimmung soviel Autorität und Macht hat, wie ihr ein Richter zu geben beliebt, womit er sich die Aufgabe, zu tun, was ihm gefällt, beträchtlich erleichtert. Da es Präzedenzfälle für alles gibt, braucht er nur jene zu ignorieren, die seinen Interessen zuwiderlaufen, und jenen Gewicht beizumessen, die sich mit seinen Wünschen decken. Die Erfindung des Präzedenzfalles hebt die Gerichtsverhandlung von der niederen Form einer zufälligen Unschuldsprobe auf die vornehme Ebene einer beeinflußbaren Willkürlichkeit.

Preis *subst. masc.*
Wert zuzüglich einer angemessenen Summe für den durch die Forderung eingetretenen Gewissensverschleiß.

Presbyterianer *subst. masc.*
Jemand, der der Überzeugung ist, daß die Vorsteher einer Kirche Presbyter heißen sollten.

Primas *subst. masc.*
Das Haupt einer Kirche, besonders einer Staatskirche, die von unfreiwilligen Beiträgen unterhalten wird. Der Primas von England ist der Erzbischof

von Canterbury, ein liebenswürdiger alter Herr, der lebend im Lambeth Palace und tot in der Westminster-Abtei wohnt. Er ist gewöhnlich tot.

Projektil *subst. neutr.*
Der endgültige Richter in internationalen Streitigkeiten. In früheren Zeiten wurden solche Streitigkeiten durch den physischen Kontakt der Streitenden ausgetragen, und zwar mit den einfachen Argumenten, welche die rudimentäre Logik jener Zeiten zu liefern imstande war - dem Schwert, dem Speer usw. Als die Vorsicht in militärischen Dingen wuchs, erfreute sich das Projektil immer größerer Beliebtheit; heute wird es von den Tapfersten hoch geachtet. Sein Hauptfehler ist, daß es am Ort des Abschusses persönliche Gegenwart verlangt.

Prominent *adj.*
Gut erreichbar für die Lanzen der Bosheit, der Verunglimpfung und des Neides.

Prozeß *subst. masc.*
Eine förmliche Untersuchung zu dem Zweck, den makellosen Charakter von Richtern, Advokaten und Geschworenen zu beweisen und aktenkundig zu machen. Dazu ist eine Kontrastperson in Form eines sogenannten Angeklagten, Gefangenen oder Beschuldigten erforderlich. Um diesen Kontrast deutlich genug zu machen, hat diese Person so zu leiden, daß jenen tugendhaften Herren ein behagliches Gefühl nicht nur für ihren Wert, sondern auch noch für ihre Immunität zuteil wird. In unseren Tagen ist der Angeklagte gewöhnlich ein Mensch oder ein Sozialist, aber im Mittelalter wurde auch Tieren, Fischen, Reptilien und Insekten der Prozeß gemacht. Ein Tier, das einen Menschen getötet hatte oder der Hexerei geziehen

wurde, wurde ordnungsgemäß verhaftet, angeklagt und nach der Verurteilung vom Scharfrichter hingerichtet. Insekten, die Kornfelder, Obstgärten oder Weinberge verwüsteten, wurden aufgefordert, sich durch einen Anwalt vor einem Zivilgericht zu verantworten, und wenn sie nach der Beweiserhebung, nach Beratung und Verurteilung *in contumaciam* verharrten, wurde die Sache vor einen hohen kirchlichen Gerichtshof gebracht, wo sie feierlich exkommuniziert und verflucht wurden. In einer Straße von Toledo wurden ein paar Schweine, die dem Vizekönig boshafterweise zwischen die Beine gelaufen waren und ihn zu Fall gebracht hatten, aufgrund eines Haftbefehls arretiert, vor Gericht gebracht und bestraft. In Neapel wurde ein Esel zum Tod auf dem Scheiterhaufen verurteilt, aber das Urteil scheint nicht vollstreckt worden zu sein. Aufgrund von Gerichtsakten berichtet D'Addosio von zahlreichen Prozessen gegen Schweine, Bullen, Pferde, Hähne, Hunde, Ziegen usw., die ihrem Verhalten und ihrer Moral, wie man glaubt, zur Besserung gereichten. 1451 wurde gegen die Blutegel, die einige Teiche in der Nähe von Bern verpesteten, Klage erhoben, und der Bischof von Lausanne, beraten von Professoren der Universität Heidelberg, gab Anweisung, daß einige der »Wasserwürmer« vor dem lokalen Gerichtshof zu erscheinen hätten. So geschah es, und den anwesenden und abwesenden - Blutegeln wurde auferlegt, den Ort, den sie verpestet hatten, binnen drei Tagen zu verlassen, andernfalls sie »Gottes Fluch« auf sich ziehen würden. In den umfangreichen Protokollen dieser *cause célèbre* findet sich kein Hinweis darauf, ob die Delinquenten die Strafe auf sich nahmen oder diesen ungastfreundlichen Gerichtsbezirk schnurstracks verließen.

Prüderie *subst. fem.*
Die Neigung weiblicher Perso-

nen von lockerem Lebenswandel, sich hinter dem Rücken ihres Wohlverhaltens zu verstecken.

Pyrrhonismus *subst. masc.*
Eine Philosophie des klassischen Altertums, die nach ihrem Erfinder heißt. Sie bestand in völligem Unglauben, von dem nur der Pyrrhonismus selber ausgenommen war. Seine modernen Anhänger haben auch diese Ausnahme fallengelassen.

Radikalismus *subst. masc.*
Der Konservatismus von morgen, eingeführt in die Angelegenheiten von heute.

Rasiermesser *subst. neutr.*
Ein Instrument, das der Kaukasier zur Verschönerung verwendet, der Mongole, um sich zu einer Vogelscheuche zu machen, und der Afro-Amerikaner, um sein Selbstgefühl zu bestätigen.

Rat *subst. masc.*
Die kleinste kursierende Münze.

Räuber *subst. masc.*
Ein freimütiger Geschäftsmann. Von Voltaire wird berichtet, daß er zusammen mit einigen Reisegefährten eines Nachts in einem Gasthof am Wege Halt machte. Ihre Umgebung war beziehungsvoll, und nach dem Abendessen kamen sie überein, sich abwechselnd gegenseitig Räubergeschichten zu erzählen. Als Voltaire an der Reihe war, sagte er: »Es war einmal ein Generalsteuerpächter.« Da er schwieg, drang man in ihn, doch fortzufahren. »Das«, sagte er, »ist die Geschichte.«

Rauschgift *subst. neutr.*
Eine unverriegelte Tür im Gefängnis der Identität. Sie führt auf den Gefängnishof.

Realismus *subst. masc.*
Die Kunst, die Natur aus der Froschperspektive zu schildern. Der Zauber einer Landschaft, die ein Maulwurf gemalt hat. Eine Geschichte, die eine Spannerlarve geschrieben hat.

Rebell *subst. masc.*
Verfechter einer neuen Mißwirtschaft, dem der Erfolg versagt blieb.

Rechtmäßig *adj.*
Vereinbar mit dem Willen des zuständigen Richters.

Rechtsanwalt *subst. masc.*
Eine in der Umgehung des Gesetzes geschulte Person.

Rechtschaffenheit *subst. fem.*
Eine kräftige und derbe Tugend, die man einst unter den Hosemezzern antraf, welche den unteren Teil der Halbinsel Oqu bewohnen. Zurückgekehrte Missionare unternahmen einige schwache Versuche, sie in mehreren europäischen Ländern einzuführen, doch scheint sie unzulänglich erläutert worden zu sein.

Redakteur *subst. masc.*
Eine Person, die in sich das Richteramt des Minos, Rhadamanthys und Äakus vereinigt, jedoch mit einem Obolus zu besänftigen ist; ein Zensor von großer Tugendstrenge, der indessen so milde ist, daß er Duldsamkeit übt mit den Tugenden der anderen und den eigenen Untugenden; der mit zersplitternden Blitzen und gewaltigen Donnerschlägen der Ermahnung um sich wirft, bis er einem Bündel von Feuerwerkskörpern gleicht, das am Schwanz eines Hundes mißmutig seine Meinung stottert; der gleich darauf eine milde, melodiöse Weise brummt, zärtlich wie ein Esel, welcher sein Gebet zum Abendstern anstimmt. Ein Mysterienmeister und Herr des Gesetzes hoch droben auf dem Gedankenthron, im Gesicht den trüben Glanz der Verklärung, die Beine mehrfach übereinandergeschlagen und ein mokantes Lächeln um den Mund, so ergießt der Redakteur seinen Willen über das Papier und zerschneidet es zu Stücken von passender Länge. Und von Zeit zu Zeit ertönt hinter dem Vorhang des Tempels die Stimme des

Schichtführers, der acht Zentimeter Witz und sechs Zeilen religiöse Betrachtung verlangt oder fordert, die Weisheit abzustellen und dafür die Sache mit ein bißchen Pathos auf Schwung zu bringen.

Reform *subst. fem.*
Etwas, woraus Reformer, die gegen Reform sind, die größte Genugtuung beziehen.

Regalien *subst. neutr. pl.*
Die charakteristischen Insignien, Juwelen und Gewänder von alten und ehrwürdigen Orden, etwa: den Adamsrittern, den Visionären ergötzlichen Quatsches, dem Alten Orden Moderner Troglodyten, der Liga Heiligen Humbugs, der Fürnehmen Gesellschaft gesäuberter Strolche, des Orientalischen Ordens des Okzidents, der Geselligen Bruderschaft ähnlich-bewarzter Männer, des Bundes entschlossener Optimisten, der Unbußfertigen Vereinigung der Frauendrescher, der Damen des Schreckens, der Vereinigten Götter des Butterhandels, des Geheimnisvollen Ordens der Unentzifferbaren Schrift, den Militanten Jüngern des Verborgenen Glaubens.

Reich *adj.*
Treuhänderisch das Eigentum der Faulen, Unfähigen, Untüchtigen, Neidischen und Pechvögel verwaltend und darüber Buch führend. Dies ist die in der Unterwelt vorherrschenden Ansicht, wo die menschliche Bruderschaft ihre logischste Entwicklung und freimütigste Befürwortung findet. Für Bewohner der Mittelwelt bedeutet das Wort soviel wie »gut und weise«.

Reichtum *subst. masc.*
Eine Gabe des Himmels, die besagt: »Dies ist mein

lieber Sohn, an welchem ich Wohlgefallen habe.«

John D. Rockefeller

Die Belohnung für Arbeit und Tugendhaftigkeit.

J.P. Morgan

Die Ersparnisse vieler in den Händen eines einzigen.

Eugen Depps

Reichweite *subst. fem.*
Der Aktionsradius der menschlichen Hand. Der Bereich, innerhalb dessen es möglich (und üblich) ist, den Anschaffungsdrang unmittelbar zu befriedigen.

Reim *subst. masc.*
Gleichklingende und meistens unangenehme Laute am Ende von Versen. Die Verse selbst sind meistens langweilig.

Rekrut *subst. masc.*
Jemand, der sich von einem Zivilisten durch seine Uniform und von einem Soldaten durch seinen Gang unterscheidet.

Religion *subst. fem.*
Eine Tochter der Furcht und der Hoffnung, die der Unwissenheit die Natur des Unbegreiflichen erklärt.

»Was ist deine Religion, mein Sohn?« erkundigte sich der Erzbischof von Reims.

»Pardon, Monseigneur«, erwiderte Rochebriant. »Ich schäme mich ihrer.«

»Warum werdet ihr dann kein Atheist?«

»Unmöglich! Ich würde mich des Atheismus schämen.«

»In diesem Fall, Monsieur, solltet ihr zu den Protestanten gehen.«

Reliquiar *subst. neutr.*
Ein Behälter für heilige Gegenstände wie die Splitter des echten Kreuzes, die Fleischrippen von Heiligen, die Ohren von Bileams Eselin, die Lungen des Hahns, der Petrus zur Buße rief, usw. Reliquiare bestehen gewöhnlich aus Metall und sind mit einem Schloß versehen, damit der Inhalt nicht herauskann, um zur Unzeit Wunder zu wirken. Eine Feder vom Flügel des Verkündigungsengels schlüpfte einmal während

einer Predigt in der Peterskirche heraus und kitzelte die Nasen der Gemeinde so, daß alle erwachten und dreimal heftig niesten. In den »*Gesta Sanctorum*« wird berichtet, daß ein Sakristan der Kathedrale von Canterbury das Haupt des Heiligen Dionysius in der Bibliothek überraschte. Von seinem strengen Wächter zur Rede gestellt, erklärte es, daß es die ihm zugehörige Lehre suche. Diese ungebührliche Leichtfertigkeit erboste den Diözesanbischof so, daß der Sünder öffentlich verflucht, in einen Fluß geworfen und durch ein anderes, aus Rom herangeschafftes Haupt des Heiligen Dionysius ersetzt wurde.

Reporter *subst. masc.*
Ein Schreiber, der den Weg zur Wahrheit rät und diese mit einem Sturm von Worten verjagt.

Reprobation *subst. fem.*
In der Theologie: der Zustand eines unglücklichen Sterblichen, der schon vor der Geburt zur ewigen Verdammnis bestimmt war. Urheber der Reprobationslehre ist Calvin, dessen Freude daran ein wenig durch die traurige Aufrichtigkeit seiner Überzeugung getrübt wurde, daß einige zwar von vornherein verworfen, andere aber von vornherein erwählt sind.

Republik *subst. fem.*
Eine Nation, in der Regierende und Regierte eins sind, es also nur eine geduldete Obrigkeit gibt, um einen freiwilligen Gehorsam zu erzwingen. Die Grundlage öffentlicher Ordnung bildet in der Republik die immer weiter abnehmende Gewohnheit der Unterwerfung, die von Vorfahren ererbt wurde, welche noch wirklich regiert wurden und sich unterwarfen, weil sie mußten. Es gibt ebenso viele Republiken wie Abstufungen zwischen den Despotien, von denen sie stammen, und der Anarchie, zu der sie führen.

Reue *subst. fem.*
Die treue Begleiterin der Stra-

fe. Sie zeigt sich gewöhnlich in einem Grad der Besserung, der mit der Fortsetzung der Sünde noch vereinbar ist.

Reveille *subst. fem.*
Ein Signal für schlafende Soldaten, nicht mehr vom Schlachtfeld zu träumen, sondern aufzustehen und die blauen Nasen zählen zu lassen.

Revolte *subst. fem.*
Eine erfolglose Revolution. Der gescheiterte Versuch der Unzufriedenheit, ein miserables Herrschaftssystem durch eine schlechte Regierung zu ersetzen.

Revolution *subst. fem.*
In der Politik: ein abrupter Wechsel in der Mißregierungsform. Revolutionen gehen gewöhnlich mit beträchtlichem Blutvergießen einher, doch man sagt, daß sie es wert sind - eine Einschätzung, die von den Nutznießern stammt, deren Blut nicht das Unglück hatte, vergossen zu werden.

Rezension *subst. fem.*
Kritik, das ist:
ein dürftiger Verstand
Höchst selbstbewußt
auf Bücher angewandt,
Um ihnen mühsam zu
entnehmen, was
Hinein in sie man vorher
mühsam las.

Rezept *subst. neutr.*
Eine ärztliche Vermutung darüber, was den Krankheitszustand mit dem mindesten Schaden für den Patienten am besten verlängert.

Rhetorik *subst. fem.*
Eine Verschwörung zwischen

Wort und Tat, um den Verstand zu hintergehen. Eine Tyrannei, die von der Stenographie gemäßigt wird.

Roman *subst. masc.*
Eine aufgebauschte Kurzgeschichte. Eine Literaturgattung, die sich zur Dichtung verhält wie das Panorama zur

Kunst. Da der Roman zu lang ist, um hintereinanderweg gelesen zu werden, löschen sich, wie im Panorama, die einzelnen Eindrücke einer nach dem anderen aus. Einheit, Totalität der Wirkung sind unmöglich, denn außer den gerade gelesenen wenigen letzten Seiten bleibt von allem Vorangegangenen nur das bare Handlungsgerippe im Gedächtnis. Zur phantastischen Erzählung (*romance*) verhält sich der Roman wie die Photographie zur Malerei. Sein Hauptmerkmal, Wahrscheinlichkeit, entspricht der unverwandelten Faktizität der Photographie und verweist ihn eindeutig in die Kategorie der Reportage; während die freien Schwingen des phantastischen Erzählers diesem gestatten, aufzusteigen in jede ihm erstrebenswert scheinende Höhe der Phantasie; und die ersten drei Wesensmerkmale aller Dichtung sind Phantasie, Phantasie, Phantasie. Die einstige Kunst des Romans ist überall längst tot, außer in Rußland, wo sie noch neu ist. Friede seiner Asche - die sich manchmal gut verkauft.

Rothaut *subst. fem.*
Ein nordamerikanischer Indianer, dessen Haut nicht rot ist - zumindest nicht außen.

Rücken *subst. masc.*
Jener Teil eines Freundes, den man betrachten darf, wenn man in Not ist.

Rüstung *subst. fem.*
Die Kleidung eines Mannes, der einen Schmied zum Schneider hat.

Sakrament *subst. neutr.*
Eine feierliche religiöse Zeremonie, der verschiedene Grade von Gewicht und Bedeutung beigemessen werden. Rom hat sieben Sakramente, doch die weniger wohlhabenden protestantischen Kirchen glauben, sich nur zwei leisten zu können, und diese auch nur von geringerer Heiligkeit. Einige der kleineren Sekten haben überhaupt keine Sakramente - eine Knausrigkeit, für die sie dereinst bestimmt der Verdammnis anheimfallen.

Salben *verb. tr.*
Einen König oder anderen hohen und bereits hinreichend schlüpfrigen Funktionär einfetten.

Sanftmut *subst. fem.*
Ungewöhnliche Geduld bei der Planung einer wirklich lohnenden Rache.

Satan
Einer der beklagenswerten Irrtümer des Schöpfers, den er in Sack und Asche bereute. Als Erzengel eingesetzt, bot Satan in vieler Hinsicht Grund zur Klage und wurde schließlich aus dem Himmel verstoßen. Bei seinem Abstieg hielt er auf halbem Wege inne, senkte nachdenklich einen Augenblick lang den Kopf und kehrte schließlich zurück. »Eine Gunst möchte ich erbitten«, sagte er.

»Nenne sie.«

»Wie ich höre, soll demnächst der Mensch geschaffen werden. Er wird Gesetze brauchen.«

»Was, Elender! Du, sein berufener Widersacher, der du seit dem Morgendämmer der Ewigkeit den Haß auf des Menschen Seele in dir trägst - du erbittest das Recht, seine Gesetze zu machen?«

»Verzeihung! Worum ich bitte, ist, daß ihm gestattet werde, sie selber zu machen.«

Also geschah es.

Satire *subst. fem.*
Eine veraltete Literaturgattung, in der die Laster und Torheiten der persönlichen Feinde

des Autors mit mangelhaftem Zartgefühl dargelegt werden. In diesem Land hat die Satire immer nur ein kränkliches und unsicheres Dasein gefristet, denn ihre Seele ist der Witz, an dem es uns kläglich mangelt - während der Humor, den wir mit ihm verwechseln, wie aller Humor tolerant und mitfühlend ist. Und obwohl die Amerikaner »von ihrem Schöpfer« reichlich mit Lastern und Torheiten »ausgestattet« wurden, hat es sich doch noch nicht herumgesprochen, daß es sich dabei um verwerfliche Eigenschaften handelt, weshalb der Satiriker allgemein als ein schuftiger Griesgram gilt und jeder Hilferuf eines seiner Opfer nationale Zustimmung findet.

Saufen verb. tr.
Picheln, kneipen, kippen, bechern, heben, verlöten, bürsten, tanken. Der einzelne Säufer wird mit Geringschätzung betrachtet, aber saufende Nationen stehen in der vordersten Reihe von Kultur und Macht. Im Kampf gegen die trinkfreudigen Christen fallen die enthaltsamen Mohammedaner wie das Gras vor der Sichel. In Indien beherrschen hunderttausend Rindfleisch essende und Brandy mit Soda trinkende Briten hundertfünfzig Millionen vegetarische Abstinenzler der gleichen arischen Rasse. Mit welch beschwingter Anmut hat der whiskyfreundliche Amerikaner den maßvollen Spanier aus seinem Besitz verdrängt! Von der Zeit an, als die Berserker die Küsten Westeuropas heimsuchten und betrunken in jedem eroberten Hafen lagen, ist es immer das gleiche gewesen: Die Völker, die zuviel trinken, kämpfen überall recht gut und ohne viele Skrupel.

Schicksal subst. neutr.
Eines Tyrannen Ermächtigung zu Verbrechen und eines Dummkopfs Entschuldigung für sein Versagen.

Schießpulver *subst. neutr.*
Ein Mittel, das von zivilisierten Nationen zur Beilegung von Streitigkeiten benutzt wird, welche lästig werden könnten, wenn sie unbeigelegt blieben. Von den meisten Autoren wird die Erfindung des Schießpulvers den Chinesen zugeschrieben, aber die Beweise sind nicht sehr überzeugend. Milton sagt, daß es vom Teufel erfunden wurde, um damit die Engel zu verscheuchen, und die Seltenheit von Engeln scheint diese Meinung in gewisser Hinsicht zu bestätigen.

Schlacht *subst. fem.*
Eine Methode, mit den Zähnen einen politischen Knoten zu lösen, der der Zunge nicht nachgeben wollte.

Schlagfertigkeit *subst. fem.*
Eine Erwiderung in Form einer vorsichtigen Beleidigung. Wird von Herren mit einer konstitutionellen Abneigung gegen Gewalttätigkeit, aber mit starkem Beleidigungsdrang geübt.

Schläue *subst. fem.*
Die Eigenschaft, durch die sich schwache Tiere oder Menschen von starken unterscheiden. Sie bringt ihrem Besitzer eine Menge geistiger Genugtuung und körperlicher Unannehmlichkeit. Ein italienisches Sprichwort besagt: »Der Kürschner bekommt mehr Fuchs- als Eselsfelle.«

Schmähen *verb. tr.*
Sagen, wie man jemanden findet, der einen selber nicht finden kann.

Schmeicheln *verb. intr.*
Das Fundament für einen Oberbau der Übervorteilung legen.

Schmerz *subst. masc.*
Ein unbehaglicher Geisteszustand, der entweder eine physische Ursache hat, wenn dem Körper etwas zustößt, oder

rein psychischer Natur ist (hervorgerufen durch das Glück eines anderen).

Schönheit *subst. fem.*
Die Macht, mit der eine Frau einen Liebhaber bezaubert und einen Gatten in Schrecken hält.

Schuft *subst. masc.*
Ein Narr, unter einem anderen Aspekt gesehen.

Schuftigkeit *subst. fem.*
Militante Dummheit. Die Aktivität eines umwölkten Intellekts.

Schwächen *subst. fem. pl.*
Gewisse ursprüngliche Eigenschaften der Frau, womit sie die Männer tyrannisiert, sie zwingt, ihrem Willen zu gehorchen, und ihre rebellischen Energien lähmt.

Schwachsinn *subst. masc.*
Eine Art göttlicher Inspiration oder heiligen Feuers, das den beseelt, der an diesem Diktionär etwas auszusetzen hat.

Schwatzen *verb. intr.*
Ohne Versuchung und ohne bestimmten Zweck indiskret sein.

Schwein *subst. neutr.*
Ein Tier *(Porcus omnivorus)*, das der Gattung Mensch durch seinen stattlichen und lebhaften Appetit nahe verwandt ist; an Intensität jedoch steht dieser dem des Menschen nach; denn er schreckt vor Schweinefleisch zurück.

Seele *subst. fem.*
Eine geistige Wesenheit, über die tapfer gestritten wurde. Platon war der Ansicht, daß jene Seelen, die in einem frühe-

ren (vor-athenischen) Dasein die ewige Wahrheit am deutlichsten erblickt hatten, in die Körper der Menschen fuhren, die Philosophen wurden. Platon selber war Philosoph. Die Seelen, die der göttlichen Wahrheit am wenigsten ansichtig geworden waren, hausten in den Körpern von Usurpatoren und Despoten. Dionys I., der gedroht hatte, den breitstirnigen Philosophen zu enthaupten, war ein Usurpator und Despot. Platon war zweifellos nicht der erste, der ein philosophisches System konstruierte, welches gegen seine Feinde ins Feld geführt werden konnte; ganz gewiß war er nicht der letzte.

»Was die Natur der Seele angeht«, sagt der berühmte Autor der »*Diversiones Sanctorum*«, »so ist schwerlich etwas strittiger gewesen als ihr Sitz im Körper. Meine eigene Ansicht ist, daß die Seele ihren Sitz im Bauch hat - welche Ansicht uns befähigt, eine bisher unverständliche Wahrheit zu erkennen und zu interpretieren, nämlich daß der Vielfraß von allen Menschen der frömmste ist. Die Heilige Schrift sagt von ihm, ›er mache einen Gott aus seinem Bauch‹ - warum also sollte er nicht fromm sein, da er doch immer seinen Gott bei sich hat, seinen Glauben zu bestärken? Wer kennt so gut wie er die Macht und Majestät, die er birgt? Fürwahr, Seele und Bauch sind eine Göttliche Wesenheit; und solches war die Ansicht des Promasius, der dennoch irrte, als er ihr die Unsterblichkeit absprach. Er hatte beobachtet, daß ihre sichtbare und materielle Substanz mit dem Rest des Körpers nach dem Tode verging und verfiel, aber er wußte nichts von ihrem immateriellen Wesen. Dieses nennen wir den Appetit, und er überlebt das Vergängliche und Verwesliche der Sterblichkeit, auf daß er belohnt oder gestraft werde in der Ewigkeit nach dem Maß seiner irdischen Bedürfnisse. Der Appetit, der geschrien hat nach den unbekömmlichen Speisen des

Marktes und der Volksküche, wird in ewigen Hunger gestürzt, dieweil der, der beharrlich aber höflich bestanden hat auf Singvögeln, Kaviar, Schildkröten, Anchovis, Leberpastete und derlei christlicher Nahrung, seine geistigen Zähne in ihre Seelen bohren wird in alle Ewigkeit, und er wird stillen seinen göttlichen Durst an dem unsterblichen Teil der seltensten und süffigsten Weine, die hienieden je gekostet wurden. Dieses ist mein Glaube, obwohl es mich bekümmert, zu gestehen, daß weder Seine Heiligkeit der Papst noch Seine Gnaden der Erzbischof von Canterbury (den ich gleich tief verehre) seiner Verbreitung zustimmen werden.«

Selbstachtung *subst. fem.*
Eine falsche Einschätzung.

Selbstsüchtig *adj.*
Bar der Rücksicht auf die Selbstsucht anderer.

Selbstverständlich
adj.
Was man selbst versteht und niemand sonst.

Sintflut *subst. fem.*
Ein denkwürdiges erstes Taufexperiment, welches die Sünden (und die Sünder) der Welt hinwegspülte.

Sirene *subst. fem.*
Eins von mehreren musikalischen Wundern, die ihre Berühmtheit dem Versuch verdanken, Odysseus von einem Leben auf den Meereswogen abzubringen. Bildlich: jede vielversprechende Dame mit verborgenen Absichten und enttäuschenden Leistungen.

Skribent *subst. masc.*
Ein Berufsschriftsteller, dessen Ansichten den eigenen entgegengesetzt sind.

Slang *subst. masc.*
Das Grunzen des menschlichen Schweins (*Pignoramus intolerabilis*) mit einem lauten Gedächtnis. Die Redewei-

se dessen, der mit der Zunge äußert, was er mit dem Ohr denkt, und den sein Papageienkunststück mit Schöpferstolz erfüllt. Ein Mittel, sich ohne ein Kapital von Verstand als geistreicher Mensch zu etablieren.

Sophistik *subst. fem.*
Die fragwürdige Methode eines Gegners, die die eigene an Unaufrichtigkeit und Durchtriebenheit übertrifft. Es ist die Methode der späteren Sophisten, einer griechischen philosophischen Sekte, die damit begann, Weisheit, Vorsicht, Wissenschaft und Kunst zu lehren, kurz alles, was die Menschen lernen sollten, sich jedoch in einem Gewirr von Spitzfindigkeiten und einem Nebel von Worten verlor.

Sparsamkeit *subst. fem.*
Ein Faß Whisky, das man nicht braucht, für den Preis einer Kuh kaufen, die man sich nicht leisten kann.

Spiegel *subst. masc.*
Eine Glasfläche für die flüchtige Zurschaustellung der Desillusionierung des Menschen.

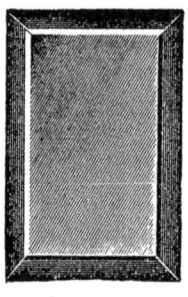

Spott *subst. masc.*
Worte, die zeigen sollen, daß dem, auf den sie gemünzt sind, die charakterliche Würde fehlt, welche den auszeichnet, der sie ausspricht. Er kann graphisch, mimetisch oder einfach durch Lachen geäußert werden. Shaftesbury soll ihn als den Prüfstein der Wahrheit bezeichnet haben - eine lächerliche Behauptung, denn manche feierliche Torheit ist jahrhundertelang verspottet worden, ohne daß ihre allgemeine Beliebtheit dadurch beeinträchtigt wurde.

Sprache *subst. fem.*
Die Musik, mit der wir die Schlangen beschwören, die einen fremden Schatz bewachen.

Sprachgebrauch *subst. masc.*
Die erste Person der literarischen Dreifaltigkeit, deren zweite und dritte Gewohnheit und Konvention sind. Erfüllt von geziemender Verehrung für diese Heilige Dreiheit kann ein fleißiger Schriftsteller hoffen, Bücher zu produzieren, die so lange leben wie die Mode.

Sprichwort *subst. neutr.*
Knochenlose Weisheit für schwache Zähne. Eine banale volkstümliche Redewendung. Das folgende sind Beispiele für neugewendete Sprichwörter.
Ein Spatz in der Hand ist soviel wert, wie er bringt.
Besser spät als bevor dich einer eingeladen hat.
Überleg es dir gründlich, ehe du mit einem Freund in Not redest.
Wer am besten lacht, lacht am wenigsten.
Wenn man vom Teufel spricht, dann hört er's.
Von zwei Übeln sei das geringere.
Wer den Pfennig nicht ehrt, hat keinen zu verschwenden.
Sage mir, mit wem du Geschäfte machst, und ich sage dir, wer du bist.

Stammbaum *subst. masc.*
Der bekannte Teil des Weges von einem auf den Bäumen hockenden Vorfahren mit einer Schwimmblase zu einem städtischen Nachfahren mit einer Zigarette.

Starrköpfig *adj.*
Unzugänglich für die Wahrheit, die sich in dem Glanz und dem Nachdruck unserer Argumente offenbart.
Das volkstümliche Symbol für Starrköpfigkeit ist der Maulesel, ein hochintelligentes Tier.

Straße *subst. fem.*
Ein Landstreifen, auf dem man sich von einem zu unerfreulichen Ort an einen anderen begeben kann, an dem zu sein sich nicht lohnt.

Strauß *subst. masc.*
Ein großer Vogel, dem die Natur (zweifellos seiner Sünden wegen) jene hintere Zehe verweigert hat, in der so viele fromme Naturkundler das auffällige Zeichen für einen göttlichen Plan gesehen haben. Das Fehlen eines guten, funktionierenden Flügelpaars ist kein Mangel, denn (wie scharfsinnigerweise bemerkt wurde) der Strauß fliegt nicht.

Strick *subst. masc.*
Ein veraltetes Gerät, welches Mörder daran erinnern sollte, daß auch sie sterblich sind. Es wird um den Hals gelegt und verbleibt das ganze Leben lang dort. Weitgehend wurde es von einer komplizierteren elektrischen Vorrichtung verdrängt, die an einer anderen Körperstelle angebracht wird. Diese macht ihrerseits rasch einem neuen Apparat Platz, der unter dem Namen Moralpredigt bekannt ist.

Sykophant *subst. masc.*
Jemand, der sich einem Großen auf dem Bauche naht, damit man ihn nicht kehrtmachen heißen kann, um sich einen Tritt geben zu lassen. Manchmal handelt es sich um einen Redakteur.

Syllogismus *subst. masc.*
Eine logische Formel, die aus zwei Prämissen und einem Trugschluß besteht.

Sylphe *subst. masc.*
Ein körperloses, aber sichtbares Wesen, das die Luft bewohnte, als die Luft ein Ele-

ment und noch nicht von Fabrikqualm, Abgasen und ähnlichen Zivilisationsprodukten verunreinigt war. Sylphen waren Gnomen, Nymphen und Salamandern verwandt, die die Luft beziehungsweise das Wasser und das Feuer bewohnten, welche heute allesamt gesundheitsschädlich sind. Die Sylphen waren wie die Vögel der Luft männlich oder weiblich, sinnloserweise offenbar, denn wenn sie Nachkommenschaft hatten, müssen sie sie in unzugänglichen Nestern aufgezogen haben; jedenfalls wurde keins der Küken je gesehen.

Tag *subst. masc.*
Ein Zeitabschnitt von vierundzwanzig Stunden, der meistens vergeudet wird. Er besteht aus zwei Teilen, dem eigentlichen Tag und der Nacht (oder dem uneigentlichen Tag) – der erstere ist den Sünden des Geschäfts gewidmet, die letztere den anderen. Diese beiden Arten gesellschaftlicher Betätigung überschneiden sich.

Tagebuch *subst. neutr.*
Tägliche Aufzeichnungen über jenen Teil des eigenen Lebens, den man sich ohne Erröten selbst erzählen kann.

Tapferkeit *subst. fem.*
Eine soldatische Mischung aus Eitelkeit, Pflicht und der Hoffnung eines Glücksspielers. »Warum sind Sie stehengeblieben?« brüllte in Chickamauga ein Divisionskommandeur, der einen Angriff befohlen hatte. »Rücken Sie sofort vor!« »Herr General«, sagte der Kommandeur der pflichtvergessenen Brigade, »ich bin der Auffassung, daß eine weitere Zurschaustellung von Tapferkeit seitens meiner Truppen zu einem Zusammenprall mit dem Feind führen würde.«

Taschentuch *subst. neutr.*
Ein kleines Viereck aus Seide oder Leinen, das zu verschiedenen niederen Verrichtungen im Gesicht verwendet wird und besonders bei Begräbnissen nützlich ist, um den Mangel an Tränen zu verbergen.

Tatsächlich *adv.*
Vielleicht; möglicherweise.

Taufe *subst. fem.*
Ein so wirksamer heiliger Ritus, daß derjenige, der ohne ihn in den Himmel gerät, für alle Zeiten unglücklich ist. Er wird mit Wasser vollzogen,

und zwar auf zwei Arten: durch Immersion (Eintauchen) und durch Aspersion (Bespritzen).

Telephon *subst. neutr.*

Eine Erfindung des Teufels, die die erfreuliche Möglichkeit, sich einen lästigen Menschen vom Leibe halten zu können, teilweise wieder zunichte macht.

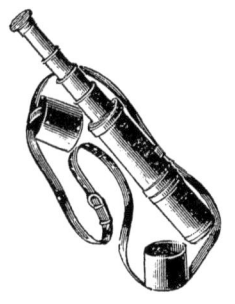

Teleskop *subst. neutr.*

Ein Gerät, das sich zum Auge ähnlich verhält wie das Telephon zum Ohr, indem es fernen Gegenständen ermöglicht, uns mit einer Menge überflüssiger Einzelheiten zu behelligen. Glücklicherweise fehlt ihm die Klingel, mit der es uns zum Opfer rufen könnte.

Tinte *subst. fem.*

Eine bösartige Verbindung aus Gallussäure, Tannin, Eisensalzen, Gummiarabicum und Wasser, die hauptsächlich dazu verwendet wird, die Ausbreitung von Idiotie durch Ansteckung zu erleichtern und intellektuelles Verbrechertum zu fördern. Tinte besitzt eigentümliche und widersprüchliche Eigenschaften: Sie kann einen guten Ruf schaffen und ruinieren; sie kann anschwärzen und reinwaschen; ihre weiteste und praktischste Anwendung aber findet sie als eine Art Bindemittel, das die Steine eines Ruhmesbaus zusammenhält, und als Tünche, um später die hanebüchene Qualität des Baumaterials zu verdecken. Es gibt Leute, Journalisten genannt, die Tintenbäder eingerichtet haben; manche bezahlen Geld, um hinein-, andere, um hinauszugelangen. Nicht selten kommt es vor, daß jemand, der Geld bezahlt hat, um hineinzukommen, doppelt soviel bezahlt, um hinauszukommen.

Tot *adj.*

> Der Traum ist aus,
> das tolle Spiel.
> Bedeckt mit Kratzern und
> mit Wunden
> Hast du's erreicht, das
> goldne Ziel,
> Erreicht und als ein
> Loch gefunden.
>
> Squatol Johnes

Treue *subst. fem.*
Eine Tugend, welche jenen eigentümlich ist, die wissen, daß sie bald betrogen werden.

Trichinose *subst. fem.*
Die Antwort des Schweins an die Befürworter der Porcophagie.
Moses Mendelssohn erkrankte und ließ einen christlichen Arzt rufen, der die Krankheit des Philosophen sofort als Trichinose diagnostizierte, ihr aber taktvoll einen anderen Namen gab. »Sie brauchen sofort eine andere Diät«, sagte er. »Sie müssen jeden zweiten Tag hundertfünfzig Gramm Schweinefleisch essen.«
»Schweinefleisch?« schrie der Patient. »Schweinefleisch? Nichts soll mich dazu bringen, es anzurühren!«
»Meinen Sie das ernst?« fragte der Arzt.
»Ich schwöre es!«
»Gut - dann werde ich Sie behandeln.«

Trinität *subst. fem.*
In dem vielfachen Theismus mancher christlichen Kirchen drei völlig verschiedene Götter, die als einer betrachtet werden. Untergeordnete Götter in polytheistischen Glaubenslehren, wie Teufel und Engel, sind nicht mit Kombinationsfähigkeit begabt und müssen ihre Ansprüche auf Verehrung und Sühneopfer jeder für sich durchsetzen. Die Trinität ist das erhabenste Mysterium unserer heiligen Religion. Die Unitarier, die sie als unverständlich verwerfen, offenbaren damit einen unzulänglichen Sinn für die Fundamente der Theologie. In der Religion glauben wir nur, was wir nicht verstehen, es sei denn, eine verständliche Lehre stände im

Widerspruch zu einer unverständlichen. In diesem Fall glauben wir an jene als an ein Teil von dieser.

Trinkbar *adj.*
Zum Trinken geeignet. Wasser, heißt es, ist trinkbar; einige halten es sogar für unser natürliches Getränk, obwohl sie es nur dann genießbar finden, wenn sie an der wiederkehrenden Krankheit, die Durst heißt, leiden, für die es ein Heilmittel darstellt. Auf nichts ist in allen Zeiten und allen Ländern, ausgenommen nur die unzivilisiertesten, soviel Fleiß und Erfindungsgabe verwandt worden wie auf die Erfindung von Wasserersatzmitteln. Die Meinung, die allgemeine Abneigung gegen diese Flüssigkeit habe ihren Grund nicht in dem Überlebenstrieb der Gattung, ist unwissenschaftlich - und ohne Wissenschaft sind wir wie die Schlangen und Kröten.

Troglodyt *subst. masc.*
Ein Höhlenmensch des Paläolithikums, nach dem Baum und vor der Wohnung. Eine berühmte Troglodytengemeinschaft hauste mit David in der Höhle Adullam. Die Kolonie bestand aus allen, »die in Not und Schulden und betrübten Herzens waren« - kurz, aus allen Sozialisten Judas.

Trost *subst. masc.*
Das Wissen, daß ein besserer Mensch schlechter dran ist als man selber.

Trust *subst. masc.*
In der amerikanischen Politik: ein großer Industriekonzern, der zum größten Teil aus sparsamen und tüchtigen Arbeitern, unbegüterten Witwen, Waisen in der Obhut von Vormunden oder Gerichten und vielen anderen ähnlichen Übeltätern und Volksfeinden besteht.

Truthahn *subst. masc.*
Ein großer Vogel, dessen Fleisch an gewissen religiösen Feiertagen gegessen wird und die eigentümliche Eigenschaft

(Glossina morsitans), **dessen Stich allgemein als das wirksamste natürliche Mittel gegen Schlaflosigkeit gilt, obwohl manche Patienten den amerikanischen Romanschriftsteller** *(Mendax interminabilis)* **vorziehen.**

hat, Frömmigkeit und Dankbarkeit zu bezeugen. Übrigens schmeckt es recht gut.

Tsetsefliege *subst. fem.*
Ein afrikanisches Insekt

Tugenden *subst. fem. pl.*
Gewisse Enthaltsamkeiten.

Überarbeitung *subst. fem.*
Eine gefährliche Erkrankung, die hohe Beamte befällt, welche angeln gehen wollen.

Überlegen *verb. tr.*
Wahrscheinlichkeiten auf der Waagschale der Wünsche wiegen.

Überlegung *subst. fem.*
Ein Gedankenvorgang, mittels dessen wir ein klareres Bild von unserem Verhältnis zur Vergangenheit erlangen und in die Lage versetzt werden, die Gefahren zu vermeiden, in die wir nie wieder geraten werden.

Übertreffen *verb. tr.*
Sich einen Feind machen.

Uhr *subst. fem.*
Ein Apparat, der für den Menschen von großem moralischen Wert ist, da er seine Sorge um die Zukunft beschwichtigt, weil er ihn daran erinnert, wieviel Zeit ihm noch bleibt.

Ultimatum *subst. neutr.*
In der Diplomatie: eine letzte Forderung, bevor man sich auf Zugeständnisse einläßt.

Umschlag *subst. masc.*
Der Sarg eines Dokuments; die Scheide einer Rechnung; die unbrauchbare Schale einer Geldüberweisung; das Nachtgewand eines Liebesbriefs.

Unberechenbarkeit *subst. fem.*
Die Mutter der Vorsicht.

Unbescheiden *adj.*
Im Besitz eines starken Gefühls für die eigenen Verdien-

ste in Verbindung mit einer schwachen Vorstellungsgabe für die Qualitäten anderer.

Unbesonnen *adj.*
Unempfänglich für den Wert unserer Ratschläge.

Unbußfertigkeit *subst. fem.*
Ein zeitlich zwischen Schuld und Sühne liegender Geisteszustand.

Undankbar *adj.*
Von einem anderen eine Wohltat empfangend oder sonstwie ein Gegenstand der Barmherzigkeit.

Unentschlossenheit *subst. fem.*
Der sicherste Weg zum Erfolg. »Denn während es«, sagte Sir Thomas Brewbold, »nur eine einzige Art gibt, nichts zu tun, hingegen verschiedene Arten, etwas zu tun, von denen mit Sicherheit nur eine einzige die rechte ist, so folgt daraus, daß, wer aus Unentschlossenheit stillstehet, nicht so viele Möglichkeiten hat, in die Irre zu gehen, wie der, der vorwärts drängt« - eine überaus klare und befriedigende Darstellung der Sachlage.
»Ihr prompter Entschluß zum Angriff«, sagte General Grant einmal zu General Gordon Granger, »war bewundernswert; Sie hatten nur fünf Minuten, sich zu entscheiden.«
»Jawohl«, antwortete der siegreiche Untergebene, »es ist großartig, wenn man weiß, was in einer Notlage zu tun ist. Wenn ich im Zweifel bin, ob Angriff oder Rückzug, zögere ich keinen Augenblick - ich werfe eine Münze hoch.«
»Wollen Sie sagen, daß Sie das auch diesmal getan haben?«
»Jawohl - aber schelten Sie mich um Himmels willen nicht: ich habe der Münze nicht gehorcht.«

Ungehorsam *subst. masc.*
Ein Lichtstreif am dunklen Horizont der Knechtschaft.

Ungerechtigkeit *subst. fem.*
Eine Last, die wie alle, welche wir entweder anderen aufbürden oder selber tragen, am leichtesten in den Händen und am schwersten auf dem Rükken ist.

Unglaube *subst. masc.*
Die größte der großen Weltreligionen.

Ungläubiger *subst. masc.*
In New York: jemand, der nicht an die christliche Religion glaubt; in Istanbul: jemand, der an sie glaubt. Ein Halunke, der es an Ehrerbietigkeit und Spendefreudigkeit fehlen läßt gegenüber Geistlichen, Ekklesiasten, Päpsten, Pfarrern, Kanonikern, Mönchen, Mollas, Wudus, Presbytern, Hierophanten, Prälaten, Obi-Leuten, Abbés, Nonnen, Missionaren, Geisterbeschwörern, Dechanten, Klosterbrüdern, Hadschis, Hohepriestern, Muezzins, Brahmanen, Medizinmännern, Beichtigern, Eminenzen, Kirchenältesten, Präbendaren, Pilgern, Propheten, Popen, Imamen, Pfründnern, Kirchenbeamten, Chorvikaren, Erzbischöfen, Bischöfen, Äbten, Prioren, Predigern, Pfaffen, Padres, Äbtissinnen, Kaluggern, Wandermönchen, Kuraten, Patriarchen, Bonzen, Santons, Fürbittern, Kanonissinnen, Kanonikern, Diözesanen, Diakonen, Subdiakonen, Landdiakonen, Abdals, Amulettverkäufern, Archidiakonen, Hierarchen, Benefiziaren, Kapitularen, Scheichs, Talapoins, Novizen, Schriftgelehrten, Gurus, Präzentoren, Kirchendienern, Fakiren, Küstern, Hochwürden, Erweckungspredigern, Zönobiten, Dauerhilfspfarrern, Kaplänen, Vorlesern, Muftis, Vikaren, Pastoren, Rabbis, Ulemas, Lamas, Sakristanen, Pfarrhelfern, Derwischen, Vorbetern, Mesnern, Kardinälen, Priorinnen, Suffraganbischöfen, Akoluthen, Rektoren, Curés, Magiern, Mutiphen und Pompoms.

Unitarier *subst. masc.*
Jemand, der einem Trinitarier das Wohlgefallen Gottes abspricht.

Universalist *subst. masc.*
Jemand, der auf den Vorteil einer Hölle für Menschen anderen Glaubens verzichtet.

Unmoralisch *adj.*
Unvorteilhaft. Alles, was die Menschen auf die Dauer und in der Mehrzahl der Fälle allgemein unvorteilhaft finden, wird schließlich als falsch, böse und unmoralisch angesehen. Wenn der menschliche Begriff von Gut und Böse irgend einen anderen Grund als den der Vorteilhaftigkeit hat; wenn er irgendeinen anderen Ursprung hat oder haben könnte; wenn Handlungen an sich schon ein moralischer Charakter eigen ist, der mit ihren Konsequenzen nichts zu tun hat und von ihnen in keiner Weise abhängig ist – dann ist die ganze Philosophie eine einzige Lüge und Vernunft eine Geistesstörung.

Unparteiisch *adj.*
Außerstande, sich einen persönlichen Vorteil davon zu versprechen, daß man sich in einer Kontroverse auf eine der beiden Seiten schlägt oder sich einer von zwei widerstreitenden Meinungen anschließt.

Unsinn *subst. masc.*
Die Einwände, die gegen dieses hervorragende Diktionär vorgebracht werden.

Unterhaltung *subst. fem.*
Jedes Amüsement, dessen Aufdringlichkeit nur dann ein jähes Ende findet, wenn der Tod durch Niedergeschlagenheit eintritt.

Unterscheiden *verb. tr.*
Die Besonderheiten feststellen, durch die eine Person oder Sache womöglich noch anrüchiger ist als eine andere.

Unvereinbarkeit *subst. fem.*
In der Ehe: Ähnlichkeit der Neigungen, insbesondere der Nei-

gung, den Ton anzugeben. Losgelassene Unvereinbarkeit heißt Unverträglichkeit; zwei Dinge sind unverträglich, wenn die Welt Raum genug hat für eins von ihnen, aber nicht für beide – wie Walt Whitmans Lyrik und Gottes Barmherzigkeit. Statt so vulgärer Ausdrucksweise wie »mach daß du wegkommst, sonst bringe ich dich um« wären die Worte »mein Herr, wir sind unverträglich« nicht minder deutlich, aber vom Standpunkt der Höflichkeit aus weit überlegen.

Vaterlandslos *adj.*
Schlecht, unerträglich, heidnisch.

Verachtung *subst. masc.*
Eines vorsichtigen Mannes Gefühl für einen Feind, der zu mächtig ist, um ihn gefahrlos zu bekämpfen.

Veraltet *adj.*
Wovon die Ängstlichen keinen Gebrauch mehr machen. Wird vor allem auf Wörter angewendet. Ein Wort, das irgendein Lexikograph als veraltet bezeichnet hat, ist von da an für den dümmlichen Schriftsteller ein Gegenstand des Abscheus und Entsetzens, doch wenn es ein gutes Wort ist, das kein gleich gutes modernes Gegenstück hat, bleibt es gut genug für den guten Schriftsteller. Tatsächlich ist die Haltung, die ein Schriftsteller »veralteten« Wörten gegenüber einnimmt, neben dem Charakter seines Werkes selbst der beste Maßstab für seine literarischen Fähigkeiten. Ein Wörterbuch veralteter und veraltender Ausdrücke wäre nicht nur einzigartig reich an kräftigen und sanften Redewendungen; es würde dem Wortschatz jedes fähigen Schriftstellers, der zufälligerweise kein fähiger Leser ist, ein beträchtliches Besitztum vermitteln.

Verantwortung *subst. fem.*
Eine abnehmbare Last, die sich leicht Gott, dem Schicksal, dem Glück, dem Zufall oder dem Nächsten aufladen läßt. In den Tagen der Astrologie war es üblich, sie einem Stern aufzubürden.

Verbrecher *subst. masc.*
Jemand von größerer Unternehmungslust als Zurückhaltung, der eine Gelegenheit wahrgenommen und sich dabei unglücklich verliebt hat.

Verdächtigen *verb. tr.*
Einem anderen Übeltaten unterstellen, die selber zu begehen man nicht verführt wurde, weil sich keine Gelegenheit dazu ergab.

Verdauung *subst. fem.*
Die Umwandlung von Lebensmitteln in Tugenden. Ist der Vorgang gestört, so werden statt dessen Laster entwickelt – ein Umstand, aus dem der boshafte Schriftsteller Dr. Jeremias Blenn schließt, daß Damen stärker an Verdauungsstörungen leiden.

Verdauungsstörung *subst. fem.*
Eine Krankheit, die der Patient und seine Freunde häufig als tiefe religiöse Überzeugung und Sorge um das Heil der Menschheit mißverstehen. Wie der schlichte Indianer des Wilden Westens es – man muß zugeben: mit einer gewissen Sprachgewalt – ausdrückte: »Viel gut, kein beten; großes Bauchschmerz, Haufen Gott.«

Verderben *verb. tr.*
Zerstören; insbesondere: den Glauben einer Jungfrau an die Tugend der Jungfrauen zerstören.

Verehrung *subst. fem.*
Das, was der Mensch für Gott und der Hund für den Menschen empfindet.

Verfluchen *verb. tr.*
Energisch mit einer verbalen Narrenpritsche bearbeiten. Es handelt sich um eine Tätigkeit, die in der Literatur, insbesondere im Drama, für das Opfer gemeinhin tödlich verläuft. Bei der Festsetzung der Lebensversicherungsprämien jedoch wird der Fluch kaum als ein Risiko gewertet.

Vergangenheit *subst. fem.*
Jener Teil der Ewigkeit, von dem uns bedauerlicherweise ein kleiner Bruchteil oberflächlich bekannt ist. Eine bewegliche Linie namens Gegenwart trennt sie von einer imaginären Periode namens Zukunft. Diese beiden Abteilungen der Ewigkeit, von denen die eine ständig die andere auslöscht, sind sich einander völlig unähnlich. Die eine ist dunkel vor Sorgen und Enttäuschung,

die andere hell vor Wohlergehen und Freude. Die Vergangenheit ist das Reich der Seufzer, die Zukunft das Reich des
Gesangs. In der einen kauert
die Erinnerung, angetan mit
Sacktuch und Asche, und mur-
melt ein Bußgebet; im Sonnen-
schein der anderen fliegt die
Hoffnung auf freien Schwingen
und lockt zu Tempeln des Er-
folgs und Gemächern des See-
lenfriedens. Doch ist die Vergangenheit die Zukunft von gestern, die Zukunft die Vergangenheit von morgen. Sie sind
eins - das Wissen und der
Traum.

Vergehen *subst. neutr.*
Ein Gesetzesverstoß von nie-
drigerem Rang als ein Verbrechen, der nicht dazu berech-
tigt, in die vornehme Gesellschaft der Kriminellen aufgenommen zu werden.

Vergeltung *subst. fem.*
Der natürliche Fels, auf dem
der Tempel des Gesetzes errichtet ist.

Vergessenheit *subst.
fem.*
Der Zustand oder die Verfassung, in denen die Bösen zu
kämpfen aufhören und die
Mühseligen und Beladenen ru-
hen. Die ewige Schutthalde
des Ruhms. Das Kühlhaus für
hochfliegende Hoffnungen. Eine Stätte, wo ehrgeizige Autoren ihren Werken ohne Stolz
und den überlegenen Kollegen
ohne Neid begegnen. Ein
Schlafsaal ohne Wecker.

Vergeßlichkeit *subst.
fem.*
Eine Gottesgabe, durch die
Schuldner ihren Mangel an Gewissen wettmachen.

Vergnügen *subst. neutr.*
Die am wenigsten hassens-
werte Form der Niederge-
schlagenheit.

Verlag *subst. masc.*
Ein Kulturinstitut, das den
größten Verdienst von der Verbreitung der Literatur hat.

Verleumden *verb. tr.*
Lügen über einen anderen verbreiten. Die Wahrheit über einen anderen verbreiten.

Verlobt *part. praet.*
Mit einem Wadenring für die Kugel- und Kettenfessel versehen.

Verlust *subst. masc.*
Die Einbuße dessen, was wir besaßen oder nicht besaßen. So wird in letzterem Sinn von einem geschlagenen Kandidaten gesagt, daß er »die Wahl verlor«; und von jener Koryphäe, dem Dichter Gilder, daß er »den Verstand verlor«.

Vernunft *subst. fem.*
Vorurteilstendenziat.

Vernünftig *adj.*
Frei von allen Selbsttäuschungen, mit Ausnahme der aus Beobachtung, Erfahrung und Nachdenken bezogenen.

Veröffentlichen *verb. tr.*
In der Literatur: das Grundele-

ment eines Kegels von Kritikern werden.

Versöhnung *subst. fem.*
Eine zeitweilige Einstellung der Feindseligkeiten. Ein Waffenstillstand ohne Abrüstung zum Ausgraben der Toten.

Verrückt *adj.*
Von einem hohen Maß geistiger Unabhängigkeit befallen; nicht übereinstimmend mit den Denk-, Sprach- und Handlungsnormen, die die Konformisten aus dem Studium von ihresgleichen ableiten; uneins mit der Mehrheit; kurz: ungewöhnlich. Es ist bemerkenswert, daß Menschen von Beamten für verrückt erklärt werden, die ihrerseits keinen Beweis für ihre Zurechnungsfähigkeit besitzen. Zum Beispiel ist sich der (berühmte) Verfasser des vorliegen Lexikons seiner eigenen Zurechnungsfähigkeit nicht sicherer als irgendein Insasse einer Irrenanstalt der seinen; doch so sehr er auch vom Gegenteil überzeugt ist, könnte er statt

der edlen Beschäftigung, der er sich zu widmen meint, in Wirklichkeit durchaus an den Gitterstäben einer Irrenanstalt rütteln und sich zum unschuldigen Vergnügen vieler gedankenloser Zuschauer für Noah Webster persönlich halten.

Verständig *adj.*
Anfällig für die Infektion durch unsere eigenen Ansichten. Empfänglich für unsere empfehlenden oder warnenden Reden und Ausreden.

Verunglimpfung *subst. fem.*
Satire, wie Dummköpfe und alle anderen Geistesbehinderten sie verstehen.

Verwaltung *subst. fem.*
Eine sinnreiche Abstraktion in der Politik, dazu bestimmt, die Schläge und Stöße entgegenzunehmen, die dem Premierminister oder Präsidenten gebühren. Ein Strohmann, dem faule Eier und Tomaten nichts anhaben können.

Verweigern *verb. tr.*
Etwas Begehrtes abschlagen, wie einem reichen und gutaussehenden Bewerber die Hand einer ältlichen Jungfer, einer reichen Firma ein wertvolles Vorrecht, einem unbußfertigen König die Absolution usw. Weigerungen werden in einer absteigenden Skala der Endgültigkeit folgendermaßen eingestuft: absolute Weigerung, bedingte Weigerung, vorläufige Weigerung und weibliche Weigerung. Letztere wird von manchen Kasuisten als affirmative Weigerung bezeichnet.

Verzichten *verb. tr.*
Einer Ehre um eines Vorteils willen entsagen. Eines Vorteils

um eines größeren Vorteils willen entsagen.

Vielfraß *subst. masc.*
Jemand, der den Übeln der Mäßigung entgeht, indem er Dyspepsie verübt.

Vollendung *subst. fem.*
Der Tod des Strebens und die Geburt des Widerwillens.

Vollkommenheit *subst. fem.*
Eine imaginäre Verfassung oder Eigenschaft, die sich von der tatsächlichen durch ein Element unterscheidet, das »Bedeutung« heißt. Ein Attribut des Kritikers.

Vorherbestimmung *subst. fem.*
Das Wort sieht aus, als wäre es leicht zu definieren, aber wenn ich daran denke, daß fromme und gelehrte Theologen lange Leben daran verwandt haben, es zu erklären, daß sie ganze Bibliotheken vollgeschrieben haben, um ihre Erklärungen zu erklären; wenn ich mich erinnere, daß wegen des Unterschieds zwischen Vorherbestimmung und Prädestination Völker in sich zerfallen und blutige Schlachten geschlagen worden sind, daß Millionenwerte aufgewandt wurden, um seine Vereinbarkeit mit der Willensfreiheit und der Wirksamkeit des Gebets, des Lobes Gottes und des religiösen Lebens zu beweisen oder zu widerlegen - wenn ich diese schrecklichen Tatsachen bedenke, stehe ich entsetzt vor dem ungeheuren Problem seiner Bedeutung, senke meine geistigen Augen, aus Furcht, seiner unheildrohenden Größe angesichtig zu werden, nehme demütig den Hut ab und verweise bescheiden auf seine Eminenz, den Kardinal Gibbons, und seine Gnaden, den Bischof Potter.

Vorliebe *subst. fem.*
Das Vorbereitungsstadium einer Enttäuschung. Das Gefühl oder die Geistesverfassung, die von dem Irrglauben hervorgerufen wird, daß etwas Be-

stimmtes besser ist als etwas anderes.

Ein klassischer Philosoph, der seiner Überzeugung Ausdruck gab, daß das Leben nicht besser sei als der Tod, wurde von einem Schüler gefragt, warum er dann nicht sterbe. »Weil der Tod«, sagte er, »auch nicht besser ist als das Leben.« Er ist länger.

Vorurteil *subst. neutr.*
Eine launenhafte Ansicht ohne sichtbare Stütze.

Waffenstillstand
subst. masc.
Freundschaft.

Wagemut *subst. masc.*
Eine der augenfälligsten Eigenschaften eines Menschen, der sich in Sicherheit befindet.

Wahlen *subst. fem. pl.*
Was einem freien Mann ermöglicht, sich lächerlich zu machen und sein Land zu ruinieren.

Wahn *subst. masc.*
Der Vater einer höchst ehrbaren Familie, zu der Begeisterung, Zuneigung, Selbstverleugnung, Glaube, Hoffnung, Barmherzigkeit und viele andere wohlgeratene Söhne und Töchter gehören.

Wahrheit *subst. fem.*
Eine ausgeklügelte Verbindung von Wünschbarkeit und Schein. Wahrheitsfindung ist das einzige Ziel der Philosophie, die die älteste Beschäftigung des menschlichen Geistes ist und gute Aussichten hat, bis zum Ende der Zeiten mit immer wachsender Betriebsamkeit fortgesetzt zu werden.

Wahrheitsliebend *adj.*
Dumm und analphabetisch.

Waise *subst. fem.*
Ein lebender Mensch, den der Tod der Macht kindlicher Undankbarkeit beraubt hat - ein Verlust, der mit besonderer Eindringlichkeit auf alles einwirkt, was an der menschlichen Natur mitfühlend ist. Ist die Waise jung, so wird sie gewöhnlich in ein Heim gesteckt, wo ihr durch sorgfältige Erziehung ihres rudimentären Ortssinns beigebracht wird, zu begreifen, wo sie hingehört. Darauf wird sie in den Künsten der Abhängigkeit und Dienstbarkeit unterrichtet und schließlich freigelassen, um die Welt als Schuhputzer oder Scheuerfrau auszubeuten.

Wall Street
Ein Symbol der Sünde, das jeder Teufel von sich weisen

muß. Daß Wall Street eine Die-
beshöhle ist, das ist ein Glauben, der jedem erfolglosen
Dieb die Hoffnung auf den Himmel zu ersetzen hat.

Wankelmut *subst. masc.*
Die wiederholte Sättigung einer unternehmenden Neigung.

Wasserspeier *subst.*
masc.
Ein Regenabfluß an der Dach-
traufe mittelalterlicher Gebäude, gewöhnlich die groteske
Karikatur irgendeines persönlichen Feindes des Architekten
oder Bauherrn. Das traf insbesondere auf Kirchen und kirch-
liche Baulichkeiten im allgemeinen zu, an denen die Wasserspeier geradezu ein Verbre-
cheralbum der lokalen Häretiker und Abweichler bildeten.
Wenn ein neuer Dechant und
ein neues Domkapitel eingeführt wurden, wurden die alten
Wasserspeier zuweilen entfernt und durch neue ersetzt,
die eine engere Beziehung zu
den privaten Abneigungen der

neuen Pfründeninhaber auf-
wiesen.

Wehrlos *adj.*
Außerstande anzugreifen.

Wein *subst. masc.*
Vergorener Traubensaft, von
christlichen Frauenvereinen
»Spirituose« oder manchmal
»Schnaps« genannt. Der Wein,
Gnädigste, ist Gottes zweitbe-
stes Geschenk an den Mann.

Weiß *adj./subst.*
Schwarz.

Weltstadt *subst. fem.*
Eine Hochburg des Provinzia-
lismus.

Wiedergutmachung
subst. fem.
Die für eine Schandtat gelei-

stete Genugtuung, welche von der Genugtuung abzuziehen ist, die man bei dieser Schandtat empfand.

Wirklich *adj.*
Scheinbar.

Wirklichkeit *subst. fem.*
Der Traum eines verrückten Philosophen. Was in der Kupelle zurückbliebe, wenn man ein Phantom untersuchte. Der Nukleus eines Vakuums.

Wirkung *subst. fem.*
Das letzte von zwei Phänomenen, die immer in der gleichen Reihenfolge vorkommen. Es heißt, daß das erste, Ursache genannt, das zweite herbeiführe - was nicht vernünftiger ist, als erklärte jemand, der Hunde immer nur bei der Verfolgung von Kaninchen gesehen hat, das Kaninchen für die Ursache des Hundes.

Witwe *subst. fem.*
Eine mitleiderregende Gestalt, die in der christlichen Welt mit Vorliebe komisch genommen wird, obwohl die Güte, mit der Christus Witwen behandelte, eine seiner hervorstechendsten Eigenschaften war.

Witz *subst. masc.*
Das Salz, durch das der amerikanische Humorist seine intellektuellen Kochkünste verdirbt, indem er es wegläßt.

Wörterbuch *subst. neutr.*
Eine bösartige literarische Vorrichtung, die das Wachstum einer Sprache hemmt und sie starr und unelastisch macht. Das vorliegende Wörterbuch hingegen ist ein höchst nützliches Werk.

Wunder *subst. neutr.*
Handlung oder Ereignis außerhalb der Naturgesetze und unerklärlich, wie das Überbieten eines normalen Blattes von vier Königen und einem Aß durch vier Asse und einen König.

Würmerspeise *subst. fem.*

Das Endprodukt, dessen Rohmaterial wir sind. Der Inhalt des Tadsch Mahal und des Tombeau Napoléon. Würmerspeise wird gewöhnlich von ihrem Behälter überdauert, doch auch dieser muß vergehen. Die wahrscheinlich albernste Betätigung, der sich ein Mensch widmen kann, ist der Bau eines eigenen Grabmals. Die feierliche Absicht adelt nicht, sondern erhöht durch den Kontrast die absehbare Vergeblichkeit.

Wüstling *subst. masc.*

Jemand, der dem Vergnügen so ernsthaft nachgelaufen ist, daß er das Unglück hatte, es zu überholen.

Zenit *subst. masc.*

Ein Punkt am Himmel direkt über dem Haupt eines stehenden Mannes oder eines wachsenden Kohlkopfs. Ein Mann im Bett oder ein Kohlkopf im Kochtopf haben nach allgemeiner Überzeugung keinen Zenit, wiewohl diese Ansicht unter den Gelehrten einst gar nicht unbestritten war. Die Dissidenten wurden Horizontalisten, ihre Gegner Vertikalisten genannt. Die horizontalistische Ketzerei wurde schließlich von Xanobus ausgerottet, dem König und Philosophen von Abara, einem eifrigen Vertikalisten. Als er einmal eine Philosophenversammlung betrat, die gerade über diese Angelegenheit debattierte, schleuderte er einen abgeschlagenen menschlichen Kopf vor die Füße seiner Gegner und forderte sie auf, seinen Zenit zu bestimmen – der Körper, erklärte er, sei draußen bei den Füßen aufgehängt worden. Da sie erkannten, daß es sich um den Kopf ihres Führers handelte, beeilten sich die Horizontalisten, zu erklären, daß sie zu jeder Ansicht bekehrt seien, die zu vertreten der Krone belieben möge, und so nahm der Horizontalismus seinen Platz unter den *fides defuncti* ein.

Zentaur *subst. masc.*

Der Angehörige einer Rasse, die lebte, ehe die Arbeitsteilung zu weitgehender Spezialisierung geführt hatte, und die der primitiven ökonomischen Maxime »Jeder sein eigenes Pferd« folgte. Der Beste der ganzen Bande war Chiron, der mit der Weisheit und den Tugenden des Pferdes die Behendigkeit des Menschen verband.

Zerberus *masc.*

Der Wachhund des Hades, der den Eingang zu bewachen hatte – vor wem oder was, ist nicht ganz klar; jeder mußte früher oder später hindurch, und niemand wollte den Eingang stehlen. Zerberus hat angeblich drei Köpfe gehabt, und einige Dichter haben ihm nicht weniger als hundert zugeschrieben. Professor Graubold, dessen dürre Gelehrsamkeit und tiefe Griechischkenntnisse seiner Meinung großes Gewicht geben, hat den Durchschnitt aller Schätzungen errechnet und ist zu der Zahl siebenundzwanzig gelangt - ein Ergebnis, das völlig schlüssig wäre, wenn Professor Graubold erstens etwas von Hunden und zweitens etwas von Arithmetik verstanden hätte.

Zickzack *subst. masc.*
Eine unsichere, schwankende Bewegung, wie die von jemandem, der die Last des weißen Mannes trägt.

Zirkus *subst. masc.*
Ein Ort, wo Pferde, Ponys und Elefanten zusehen dürfen, wie Männer, Frauen und Kinder sich wie Narren benehmen.

Zitat *subst. neutr.*
Die fehlerhaft wiedergegebenen Worte eines anderen.

Zoll *subst. masc.*
Eine gestaffelte Steuer auf Ein-

fuhren, dazu bestimmt, den einheimischen Produzenten vor der Gier seines Konsumenten zu schützen.

Zoologie *subst. fem.*
Die Wissenschaft und Geschichte des Tierreichs, einschließlich seiner Königin, der Stubenfliege (*Musca maledicta*). Der Vater der Zoologie war, wie allgemein zugegeben wird, Aristoteles, der Name ihrer Mutter ist uns jedoch nicht überliefert. Zwei der berühmtesten Vertreter dieser Wissenschaft waren Buffon und Oliver Goldsmith, von denen wir übereinstimmend erfahren (»*L'Histoire générale des animaux*« und »*A History of Animated Nature*«), daß die Kuh alle zwei Jahre ihre Hörner abstößt.

Zorn *subst. masc.*
Ärger höheren Grades oder höherer Qualität, wie er erhabenen Charakteren und gewissen Augenblicken angemessen ist; so: »der Zorn Gottes«, »der Tag des Zorns« usw. Unter den

Alten wurde der Zorn eines Königs für heilig gehalten, denn zu seinem geziemenden Ausdruck konnte er gewöhnlich das Eingreifen eines Gottes bewirken, genau wie der Zorn eines Priesters. Apollon setzte den Griechen vor Troja so zu, daß sie sich aus dem Regen des Zorns von Chryses in die Traufe des Zorns von Achilles begaben, obwohl Agamemnon, der einzige Übeltäter, weder hier noch dort naß wurde. Eine ähnliche, bekannte Immunität wurde David zuteil, als dieser Jahwes Zorn auf sich zog, indem er sein Volk zählen ließ – siebzigtausend bezahlten seine Verfehlung mit dem Leben. Gott ist heute die Liebe, und der Vorsteher des Amtes für Volkszählung verrichtet seine Arbeit ohne Angst vor einer Katastrophe.

Zufall *subst. masc.*
Ein unvermeidliches Vorkommnis, das auf unabänderlichen Naturgesetzen beruht.

Zugeben *verb. tr.*
Gestehen. Die Fehler eines anderen zuzugeben, ist die vornehmste Pflicht, die uns unsere Wahrheitsliebe auferlegt.

Zukunft *subst. fem.*
Jene Zeit, in der unsere Geschäfte gutgehen, unsere Freunde treu sind und unser Glück gesichert ist.

Zwang *subst. fem.*
Die Beredsamkeit der Macht.

Zwerchfell *subst. neutr.*
Ein kuppelförmiger Muskel, der die Erkrankungen der Brust von denen des Bauches trennt.

Zyniker *subst. masc.*
Ein Lump, dessen fehlerhafte Sicht die Dinge sieht, wie sie sind, und nicht, wie sie sein sollten. Daher rührt der skythische Brauch, einem Zyniker die Augen auszustechen, um seinen Sehfehler zu korrigieren.

Der konservative Teufel
Von Dieter E. Zimmer

Ambrose Bierce begann die Serie seiner bissigen Definitionen, die sich allmählich zum »Wörterbuch des Teufels« addieren sollten, im März 1881, in der satirischen Wochenzeitschrift *The Wasp* in San Francisco. Fünfundzwanzig Jahre lang setzte er sie - unsystematisch und mit langen Pausen - in verschiedenen Zeitungen fort. 1906 wurde ein Buch daraus; allerdings hielt es der Verlag, Doubleday, für ratsam, eine Auswahl zu treffen - offenbar erschienen ihm manche der Definitionen gar zu respektlos (während heute eine Auswahl aus genau dem entgegengesetzten Grund angezeigt erscheint: weil sich im Lichte dieser ersten Jahrhunderthälfte etliche als gar zu harmlos erwiesen haben). 1911 dann erschien eine vollständige Ausgabe, als Band 6 der zwölfbändigen Gesammelten Werke, jenes pompösen Grabs, das sich Bierce selber grub, unfähig, die dauerhaften seiner Schriften von den ephemeren Bagatellen zu scheiden, unfähig, auf irgend etwas zu verzichten, Späteren die Aufgabe der Selektion überlassend (und die Bierce-Renaissance in Amerika hob eigentlich erst mit Clifton Fadimans strenger und doch noch reichlicher Auswahl an, die 1946 erschien). Gewidmet war das Wörterbuch »den aufgeklärten Seelen, denen trockene Weine lieber sind als süße, Sinn lieber als Sentiments, Witz lieber als Humor, sauberes Englisch lieber als Slang«.

Die Ausgabe von 1906 versah der Verlag noch mit dem Titel *The Cynic's Word Book*, »Wörterbuch des Zynikers«. »Hier im Osten«, schrieb Bierce damals an einen Freund, den Dichter George Sterling, »ist der Teufel eine heilige Person (die vierte Person der Dreifaltigkeit, wie ein Ire sagen könnte), und sein Name darf nicht mißbraucht werden.« Erst die endgültige Aus-

gabe von 1911 erhielt den Titel, der dem Buch von Anfang an zugedacht gewesen war: »*The Devil's Dictionary*«, »Des Teufels Wörterbuch«.

Des Teufels? Von einem schriftstellerisch tätigen Teufel erwar-
tete man schließlich nicht weniger als den Geist der Zersetzung
schlechthin (ob er damit nun letztlich das Gute schafft oder nicht) – einen boshaften Scharfsinn, der sich an allem vergreift,
was die Menschheit jemals hoch und heilig hielt, verantwor-
tungslos, respektlos, rücksichtslos, sich gefallend in einer bo-
denlosen, schwindelmachenden Verneinung. Ist es ein solcher
Teufel, den Bierce in seinem Lexikon verkörpert?

Er ist es nicht, oder nur zeitweise. Sieht man genauer hin, so er-
kennt man in diesem Teufel einen Herrn mit teilweise sehr lokalen und zeitlich bedingten Interessen, Überzeugungen, Marot-
ten, Antipathien und Sympathien, einen Herrn, der es hin und
wieder nicht verschmäht, Ironie Ironie und Satire Satire sein zu
lassen, um statt dessen aufbauend und priesterlich zu agitieren:
gegen den Slang und für ein sauberes Englisch etwa, gegen den
Roman und für die phantastische Erzählung, gegen den Humor
und für die Satire, gegen Wörterbücher, gegen die Anarchie und
für die Ordnung im Staate, gegen bestimmte Kollegen und für andere (verstorbene). Das diabolische Kostüm – Hörner, Schweif
und Bockfuß – ist höchst rudimentär, zuweilen wird es ganz ab-
gelegt, und nie verhüllt es jenen sonderbaren Mann mit dem
blonden Haar, dem blonden Schnauzbart, den hellen Augen und
der soldatischen Haltung, jenen mißtrauischen und rauflustigen
Journalisten, dreißig Jahre lang der Schrecken und das Idol der
Westküste, der Ambrose Bierce war, zu begreifen nur aus seiner
Herkunft, seiner Umwelt und der Natur der Kämpfe, auf die sich
einzulassen er so lange nicht müde wurde.

Ein Menschenfreund gewiß nicht; argwöhnisch, nämlich immer

das Ärgste wähnend, und oft zu Recht, variierte er ohne Ende ein Thema, sein Thema - daß das Leben in jeder Beziehung unzulänglich und die Menschen hoffnungslos dumm, abergläubisch, gierig und grausam seien; Handel sei Piraterie, Politik ein Gaunerstück, Freiheit eine Selbsttäuschung und Schadenfreude das größte Glück. 1899, auf der Höhe seiner Kraft und seines Ruhms, ermahnte er seine Diszipel in einem Essay, zu begreifen, »daß dies eine Welt der Narren und Schurken ist, blind vor Aberglaube, gequält von Neid, verzehrt von Eitelkeit, selbstsüchtig, falsch, grausam, geplagt von Illusionen - schäumend vor Wahnsinn«. Das war das theoretische Resümee. Und eine seiner großen Stärken in diesem Diktionär zeigt sich, wenn er die Sprache abhorcht und in scheinbar neutralen, »objektiven« Wörtern die Obertöne der Selbstsucht und Eitelkeit ausmacht, eingeschlossen die (enttäuschte) Selbstsucht, die einen dazu bringt, einen anderen »Egoist« zu nennen. Einer sei »entschlossen«, sagen wir; Bierce hört, was wir meinen, nämlich: einer versteife sich auf eine Handlungsweise, die uns genehm ist; sonst sagten wir »starrköpfig« oder ähnliches. Nein, er hatte ganz entschieden seine Vorbehalte. »Für ihn«, schrieb H. L. Mencken in seinem Bierce-Essay, »war der Mensch das dümmste und niederste aller Tiere. Doch zugleich auch das amüsanteste . . . Die obszöne Farce der Politik erfreute ihn. Er war ein fast verliebter Kenner der Theologie und der Theologen. Er brüllte vor Vergnügen, wenn er an einen Professor, einen Arzt oder einen Ehemann dachte.« Man hat den Eindruck, daß seine Zeit dieser Leidenschaft noch nicht das rechte Material lieferte; wie erst hätte er später triumphieren können!

Dabei war dieser Misanthrop - und nicht ohne Erfolg - versessen auf Loyalität, Freundschaft, Liebe, Bewunderung, Zustimmung, Ehrerbietung, dünnhäutig wie ein empfindsamer Poet, stolz und ehrpusselig wie ein alter Offizier, leicht gekränkt, stets Ausschau haltend nach Anzeichen von Abtrünnigkeit und Verrat. Er gab den anderen die Chance, sich seinen sinistren Befund zu eigen zu machen, ehe er ihn auf sie anwandte. Ganz dicht war seine Theorie nicht.

Seine journalistischen Raufhändel fanden in einer rauhen Zeit in einem rauhen Land statt; kein Beleidigungsparagraph dämpfte sie, und ihre Grobheit scheint heute kaum noch faßlich. »Diese aufgeblasene alte Schweinshaut«, nannte er schwarz auf weiß sein prominentestes und lohnendstes Opfer, den Eisenbahn-Boß Huntington, den er in der Hearst-Zeitung *»Examiner«* traktierte (und einen Gutteil seiner Energie ließ er an höchst geringfügigen Figuren der Zeitgeschichte aus, schon im Osten der USA völlig unbekannt oder längst vergessen, als er den polemischen Ertrag jener Jahre in seine Gesammelten Werke häufte: seine Attacken machten ihre Objekte nicht unsterblich, wie er sich wohl zusammen mit vielen anderen Satirikern einbildete, diese Objekte zogen sie mit hinab in die Gruft); und weiter: »dieser Bauer, der seine Schäfchen ins trockene gebracht hat«, »dieses Schwein des Jahrhunderts«, »dieser Veteran unter den Ehrabschneidern verdient, an jedem Zweig jedes Baumes in jedem Staat und jeder Gegend zu hängen, in die seine Gleise vorgedrungen sind«.

Das Jahr, definiert er einmal, ist eine Periode von dreihundertfünfundsechzig Enttäuschungen. Es ist dies eines jener scheinbar so einfachen Stichworte, die vielleicht das hellste Licht auf seinen widersprüchlichen Charakter werfen. Denn die Frage, ob er nun tatsächlich der hoffnungslose Menschenverächter war, als der er sich gerne gab, oder ob nicht die Zähigkeit, mit der er verfolgte, was er als die Laster der Zeitgenossen betrachtete, im Gegenteil auf einen rauhbeinigen, aber unverzagten Philan-

thropen deutet, muß unentschieden bleiben; sie wird aufgehoben durch die Kategorie der Enttäuschung. Bierce besaß eine au-
ßerordentliche Fähigkeit, enttäuscht zu werden, immer aufs
neue sein Leben lang Tag für Tag; unverwüstlich und groß wie
seine Erwartungen war seine Zuversicht, daß sie nicht in Erfül-
lung gehen würden. Die meisten besitzen nur das eine: ihre Re-
signation oder ihre Hoffnung. Er hatte die robuste Natur, beides
zu vereinen, beides auf die Spitze zu treiben und noch einigen
Genuß daraus zu ziehen.

Sieht man noch genauer hin, so nimmt der Teufel dieses Diktio-
närs immer eigentümlichere Züge an. Er erweist sich, kurz gesagt, als ein Konservativer, ja, ein Puritaner, ein rebellischer
zwar – aber es war eine unvollständige Rebellion.

Im Mittelwesten geboren, das zehnte von dreizehn Kindern einer bei aller Armut gehorsam fruchtbar sich mehrenden Farmer-
familie, der er bei der ersten Gelegenheit für immer davonlief,
aufgewachsen auf dem Land, auf den niemals so recht prospe-
rierenden Klitschen seiner Eltern (gebieterische Mutter, der Vater entsprechend weniger dominant) in einem Geist auf Zucht
bedachter, entbehrungsreicher Frömmigkeit, empörte sich das
Kind, das zu seinem Leidwesen nach dem heiligen Ambrosius
getauft worden war, gegen beträchtliche Teile dieser Prove-
nienz: In seinen Geschichten wird mit Eltern und anderen Anver-
wandten nicht glimpflich umgegangen; seine Aversion gegen
das Landleben, gegen alles Ungehobelt-Bäuerische (siehe das
Stichwort »Pflug«) war lebenslänglich, und mit ihr hängt sicher
auch sein in verschiedenen Definitionen bezeugter Widerwille
gegen Slang und Dialekt zusammen, die für ihn immer Attribute
jener – sprachlichen und sozialen – Niederungen blieben, denen
er sich so mühsam entwunden hatte; und die Religion der Väter
(das Diktionär stellt es wieder und wieder fest) war für ihn ein

nichtsnutzer und idiotischer Aberglaube, von dem nur die Pfaffen Vorteil haben.

Indessen war da doch so manches zurückgeblieben. Etwa eine gut puritanische Abneigung gegen das Theater (dokumentiert zum Beispiel unter dem Stichwort »Pantomime«) oder gegen den Tanz, ein sehr bestimmtes Gefühl dafür, was sich schickt - und das, obwohl er die bedingte und wandelbare Natur der Moralkodizes theoretisch sehr wohl durchschaute; ein heikles Verhältnis zu Frauen, die er hofierte und beschimpfte, überhaupt zum Sexus. So kommt es, daß er die Normen und Formen der intimen Moral in seinem Diktionär wie auch sonst so gut wie ungeschoren ließ. Im Herzen war er in dieser Hinsicht so puritanisch wie nur einer, und in einem Gespräch mit seinem Freund und Verleger Walter Neale über den Säuberungsfanatiker Anthony Comstock drückte er die Halbherzigkeit seiner Emanzipation, den Widerstreit von Verstand und Reflex ganz unverhohlen aus: »Ich hoffe, daß Anthony keinen Erfolg hat; aber er hat meine intellektuelle Unterstützung.«

Noch viel tiefer als in irgendwelchen Stellungnahmen aber zeigen sich die Spuren dieser calvinistisch-kongregationalistischen Herkunft jedoch in dem Modus seines Denkens, der ein ganz und gar dualistischer war. Immer wieder griff er auf die ihm in seiner Jugend eingeprägte Terminologie zurück; auch wenn er sie säkularisierte, er entging ihr nicht. Himmel und Hölle, Laster oder Sünde und Tugend, Heil und Verdammnis, Gut und Böse, Weisheit und Torheit: in diesen Kategorien begriff und beurteilte er die Welt. Und wenn er einmal »weiß« als »schwarz« definierte, dann sollte das besagen, daß die Leute sich nicht schämen, die Dinge in ihr Gegenteil zu verkehren, daß sie zu dumm sind, die Verkehrung zu bemerken und dagegen zu protestieren; es besagt aber auch, daß er selber mit den Grautönen wenig anzufangen wußte und alles wie vordem auf die moralische Waage legte, die nur nach der einen oder anderen Seite ausschlagen kann.

Bezeichnenderweise fehlt das Stichwort »Puritanismus« in seinem Diktionär; erst H. L. Mencken, der viel von Bierce gelernt hatte, lieferte sie: »Puritanismus – Die quälende Furcht, daß irgend jemand irgendwo glücklich sein könnte.« (Übrigens war Mencken es auch, der eine Definition für den fand, den Bierce der Teufel verschonte, so sehr er sich auch mit seinem irdischen Fußvolk anlegte: »Schöpfer – Ein Komödiant, dessen Publikum nicht zu lachen wagt.«)

Mit Bierces Konservatismus hatte es eine eigene Bewandtnis. Nicht, daß er sich Illusionen über die Vergangenheit machte und sie irgendwie verklärte. Der Denkvorgang war wahrscheinlich der: Das Vergangene – sein Aberglaube, seine Absolutismen, seine Greuel, seine Kriege und Kreuzzüge – war gerade übel genug; aber die Fehler der Zeitgenossen, die er leibhaftig vor sich hatte, waren so nah und so fühlbar, daß sie nur noch Schlimmeres befürchten lassen konnten. Die Vergangenheit war schlimm; die Gegenwart war schlimmer; das Schlimmste aber würde die Zukunft sein. Sein Biograph Paul Fatout brachte es auf die Formel: »Wenn er (wie er einmal bemerkte) Freude am Status quo hatte, so hatte er die gleiche Freude an seiner Verurteilung – und an der Verurteilung aller Versuche, an ihm zu rütteln.«

Also griff er in seinen Zeitungskolumnen zum Knüppel und zog los: nicht nur gegen Korruption und Käuflichkeit, gegen Betrüger und Gauner und Parvenüs, gegen die milden Humoristen, gegen die *Central Pacific* und die Geistlichkeit, sondern auch gegen die Sittenlosigkeit des Walzers, gegen die unschicklich spärliche, das Frauenzimmer zu böser Wollust aufreizende Kleidung der Turner, gegen emanzipierte Frauen, vor allem, wenn sie auch noch zu schreiben wagten (es sei denn, es handelte sich um viel jüngere Anbeterinnen), gegen Arbeiterführer, gegen Sozialisten, gegen Gewerkschaften, gegen höhere Bildung für Arbeiter, gegen die Menge, gegen die Demokratie, gegen alle Reform. »Anders« definierte er als »auch nicht besser«. Reform, Reformer – das waren Schimpfwörter für ihn; er fürchtete, das alles führe geradenwegs in die Anarchie. Er war ein gesetzesfürchtiger Teufel, der sich selber kaum veränderte und dem alle Veränderungen suspekt waren. Und der 1913, einundsiebzig Jahre alt, abgekämpft, aber störrisch auf den alten Positionen beharrend, in die Wirren der mexikanischen Revolution entschwand, weil er sein wollte, »wo etwas los ist oder wo überhaupt nichts los ist. Das meiste, was in meinem Lande los ist, ist mir zutiefst zuwider«. Da hatte er seinen immer einsameren Kampf aufgegeben und kehrte seinem Schauplatz den Rücken: »Ein Gringo in Mexiko sein - o was für ein gnädiger Tod.«

Das vorliegende Buch ist eine Auswahl. Von den rund tausend Stichworten des Originals enthält es etwa zwei Drittel, ein Teil davon gekürzt. Bei der Auswahl wurde zweierlei versucht: dem heutigen deutschen Leser entgegenzukommen und den Charakter des Originals dennoch nicht zu verleugnen. Eine vollständige Übersetzung verbot sich ebenso wie die Reduktion auf eine Auslese karger Epigramme. Weggelassen vor allem wurden zahlreiche Wiederholungen, die sich aus der unsystematischen Anlage des ganzen Lexikons erklären, wurden Stichworte (wie *»Sandlotter«*), die von nur lokalem und zeitgebundenem Interesse waren und heute erst durch Fußnoten erläutert werden müßten, wurden etliche Albernheiten und Kalauer (so der mäßige Witz *»Hebrew: A male Jew, as distinguished from a Shebrew«*), wurden vor allem die meisten der apokryphen Gedichte, die in der Regel die Pointen nicht spitzer machen, sondern stumpfer.

Andererseits wurden genug von den Arabesken - Geschichten, Verse, fiktive Zitate - aufgenommen, mit denen Bierce seine Definitionen verzierte, um dem Leser eine zureichende Vorstellung auch von den Schnörkeln dieses Werks zu vermitteln; und natürlich eine Reihe von Stichworten, die (wie »Roman« oder »Republik«) weniger um ihres epigrammatischen Werts willen denn als Zeugnisse für die Denk- und Vorstellungswelt von Ambrose Bierce in Frage kamen und ein Licht auf das übrige Werk zu werfen geeignet sind.

Daß dieser Misanthrop und Querkopf, dieser Rationalist mit dem Hang zum Phantastischen und Abseitigen, dieser sensible Zyniker, dieser keiner Moral trauende Moralist, dieser Unruhestifter mit dem Sinn für Ordnung noch lange kein Museumsstück der Literaturgeschichte ist, das wissen alle, die unter seinen Erzählungen lange genug suchen; sein Wörterbuch wird es ihnen bestätigen.

Insel Verlag Anton Kippenberg GmbH & Co. KG
Torstraße 44, 10119 Berlin
info@insel-verlag.de
www.insel-verlag.de

Suhrkamp Verlag GmbH
Torstraße 44, 10119 Berlin
info@suhrkamp.de
www.suhrkamp.de